退化数据统计分析

TUIHUA SHUJU TONGJI FENXI

庄东辰 茆诗松 著

中国统计出版社
China Statistics Press

图书在版编目(CIP)数据

退化数据统计分析/庄东辰,茆诗松著.—北京:中国统计出版社,2013.3

ISBN 978-7-5037-6793-7

Ⅰ.①退… Ⅱ.①庄…②茆… Ⅲ.①退化-统计模型-统计分析 Ⅳ.①C8

中国版本图书馆CIP数据核字(2013)第048989号

退化数据统计分析

作　　者/庄东辰　茆诗松　著
责任编辑/徐　颖
封面设计/黄晨
出版发行/中国统计出版社
通信地址/北京市丰台区西三环南路甲6号　　邮政编码/100073
电　　话/邮购(010)63376909　书店(010)68783171
网　　址/http://csp.stats.gov.cn/
印　　刷/科伦克三莱印务(北京)有限公司
经　　销/新华书店
开　　本/787×1092mm　1/16
字　　数/144千字
印　　张/9
版　　别/2013年4月第1版
版　　次/2013年4月第1次印刷
定　　价/25.00元

前　言

众所周知，可靠性统计是一门面向寿命数据处理的应用学科。依据现有可靠性理论对产品的可靠性进行评定，必须要有各种失效数据提供有关的寿命信息。然而，随着科学技术的进步与发展，工业产品的可靠性得到极大的提高，高可靠长寿命的产品增多，从而在定时截尾寿命试验中，经常会出现无失效的情况，这对现有的可靠性理论来说，几乎是一个根本性的难题，它一直困扰着许多理论和应用工作者。然而，近三十年来，越来越多的工程技术人员和统计学者，发现不少产品在失效前有逐渐退化现象，通过测量退化数据，也可以对产品的可靠性作出评定。从而开辟了一条不使用失效数据，而只使用退化数据对产品作可靠性评定的新途径。在一定程度上克服了无失效数据给可靠性理论所带来的困扰。这在理论上和应用上都具有十分重要的意义和价值。然而，退化失效问题以及退化数据处理，目前主要局限于工程技术领域，统计学家参与不多。而且这方面的一些重要而基本问题至今认识还比较初浅。成熟的理论和实用的方法也不多。而国内一些实际单位不断向我们咨询各种退化数据处理问题。面对退化数据处理的意义和现状，庄东辰博士和我切入这个课题，对退化数据模型与处理方法进行较为深入的研究，经过三年的努力，庄东辰获得一批成果，形成一篇出色的博士论文，在答辩会上得到同行专家们的一致好评，认为该论文贵在能结合国内实际提出一些切实可行的统计方法，并在混合线性模型方面获得一些有意义的成果，是一篇理论联系实际的博士论文。本书就是在庄东辰博士论文基础上加入国内外的一些最新成果整理而成。借此抛砖引玉，引起国内同行和年青人对这方面问题研究兴趣。

全书共有六章和一个结束语。第一章为绪论，主要介绍退化数据问题的产生，并从实际问题中归纳形成一些基本概念。第二章主要研究退化失效模型的基本结构，并分析一些基本的理论模型。第三章研究一般混合线性退化模型的参数估计。第四、五章主要研究各种退化数据处理的统计方法。第六章研究两种加速退化试验的设计与数据处理方法。最后的结束语中提出有待进一步研究的十个问题。

本书第一作者庄东辰博士在完成学业后即去上海万国证券公司工作。工作中他全身心投入，不久他就在国债投资领域运用统计分析工具开展一系列开创性研究，并发表“保值贴补率预测分析模型”等五篇论文，还成功地预测了国债市场多次投资机会，创造了相当的商业价值。1998年他的团队完成了几个资产重组的成功案例。2000年在他倡议下，成立了“申银万国证券研究所”，拥有100多家客户。2002年被选为中国证券业协会副会长，2003年评为全国“五一”劳动奖章获得者。他热爱体育运动，多次成功登上国内外高山。2005年5月4日在攀登西藏启孜峰时不幸遇难，享年51岁。壮年早逝，令人痛心惋惜。

庄东辰博士生前曾多次表示想把他的博士论文整理发表，我也答应协助。由于他工作繁忙，一直未能如愿。去年他夫人张远芳女士又提起此事。考虑到庄东辰的论文中有不少内容在当今仍有参考价值，整理出版后可促进国内退化数据处理的研究与交流。这一想法又得到中国统计出版社的大力支持，庄东辰的一些同学与同事，如强立、张志华、刘忠、皮六一、何基报等都纷纷鼓励我的整理工作。经过努力，终于完成这项工作，使本书得以顺利出版，也为大家怀念庄东辰博士留下一个纪念品。最后，还要感谢中国统计出版社的大力支持。

我年事已高，知识有限，近代文献阅读不多，整理和充实中不当之处在所难免，敬请同行指正和谅解。

茆诗松

2012年11月

目　　录

第一章
绪　论

§1.1　问题产生的背景以及理论与应用的意义

按照一定的设计要求和工艺方案所生产出来的合格产品，在规定的工作条件下均具有某种规定的功能，在可靠性理论中，我们将产品丧失所规定功能的现象称为**失效**，产品在储存或工作了一段时间以后，往往会出现失效现象。产品的失效通常是由产品内在的失效机理与产品的外部环境和工作条件综合作用而产生，这是一个十分复杂的过程。然而，根据产品丧失规定功能的形式来看，我们可以将产品失效分成两种类型，若产品在以往的工作或储存过程之中，一直保持或基本保持所需要的功能，但在某一时刻的一个瞬间，这种功能突然完全丧失，则称这种现象为**突发型失效**，如器件击穿、电路短路、材料断裂等。若产品在以往的工作或储存过程之中，产品的功能随时间的延长而逐渐缓慢地退化，直至达到无法正常工作的状态(通常规定一个评判的临界值，即退化失效水平)，则称此种现象为**退化型失效**，如元器件电性能的衰退、机械元件磨损、药品效力的降低、绝缘材料老化等。

在现有的可靠性理论中，统计分析的对象均为寿命数据，即**失效时间**(time-to-failue)，而且无论是突发型失效或退化型失效，统计模型和分析方法都无本质差异，只有在取得寿命数据的寿命试验中，人们才会注意到突发型失效与退化型失效之间的重要差异。一旦取得寿命数据以后，便无须再考虑已得到的这批数据是什么类型的失效所产生的寿命数据。在现有的可靠性理论中，接下去要做的工作，无论是建立模型，还是统计分析等，通常不会涉及失效的类型，因此，失效的两种不同类型及其差异，长期以来并未受到重视。

随着科学技术的进步与发展，工业产品的可靠性得到极大的提高，很多高可靠性产品在很长的工作时间内也极少出现失效现象，因此，在定时截尾寿命试验（常应力或加速应力）中常常碰到无失效的情况。产品可靠性的提高当然是件好事，但它给产品可靠性的评定工作带来了很大的困难。在无失效的情况下如何对产品作可靠性评定，对于建立的失效数据分析基础上的现有可靠性理论来说，是一个带有根本性的难题。众所周知，无失效数据问题在可靠性理论与应用中已引起广泛的注意和兴趣，许多专家和学者，如Martz and Waller(1979)，茆诗松，罗朝斌(1989)，张占忠，杨振海(1989)等等，都在这方面作过有益的探索，他们讨论的对象主要是突发型失效产品。

对于退化型失效的产品，如果在寿命试验中只能得到极少的失效数据，甚至没有失效，但我们可以对表征产品功能的某些量（参数）进行连续测量，取得**退化数据**（degradation data），这些退化数据可以提供重要的寿命信息，利用退化数据对产品功能的退化过程进行分析，就可以对产品的可靠性做出评定，这就为我们在只有极少失效数据，甚至没有失效数据的情况下，对产品进行可靠性评定提供了一种新的途径，这种可靠性评定的新途径与传统可靠性理论的根本区别在于，它充分利用了退化数据提供的寿命信息。

对于退化型失效的产品利用退化数据进行可靠性评定，可进一步丰富和完善现有的可靠性理论和方法，退化数据的研究会在失效机理（或退化机理），统计模型，失效分布，以及统计推断方法等方面提出一系列新的研究课题。当然，对于退化数据的理论和方法的研究目前还处于初始的阶段，许多重要的理论和方法问题还在探索之中，有些甚至还没有引起统计学家和工程技术人员的充分注意。但是，在工程技术领域的各种实际问题中，早已出现大量的退化数据，例如半导体和微电子器件的特性退化，金属材料的腐蚀和磨损，绝缘体和隔热体的老化，食物和药品的货架寿命以及塑料等高分子聚合物的性能退化，等等。W. Nelson在其专著《Accelerated Testing：Statistical Models，Test Plans and Data Analysis》(1990)中就给出一些这方面应用实例的文献，这些工作大多数是工程技术人员针对某一具体的问题和数据，提出一些具体的模型和方法，往往缺少一般性的模型和方法，比较深层次的理论则更少了。另外，国内的工业界已陆续向我们提出一些退化数据的处理问题，如绝缘材料的退化数据、电子元器件的退化数据，希望对高可靠性产品提供更有效的试验方法与评估可靠性的方法。由此可以看出，上述大量的实际问题是退化数据处理及其理论模型研究的重要动力，同时退化数据处理及其理论模型的研究一定会对工程技术领域中的各种退化问题产生重要的应用价值。我们正是考虑到退化数据分析的理论意义和应用价值，希望对退化失效的有关问题进行比较系统的研究和讨论，并对一些实际数据进行分析和处理，抛砖引玉，以期引起更多统计学家对有关问题的兴趣，推动可靠性理论及应用的进一步发展。

§1.2 退化型失效的有关问题

对于突发型失效的产品，其规定的功能通常是产品的某种属性，因而只有两种状态，即产品具有某种功能或产品不具有某种功能，若将前一种状态记为1，后一种状态记为0，则产品功能随时间的推移所产生的突发型变化可用图1.2.1表示。

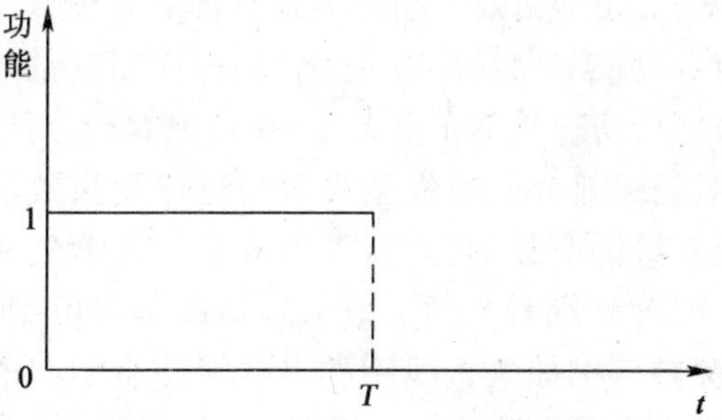

图1.2.1 突发型失效示意图：
突发型失效发生时刻 *T* 就是产品寿命

与突发型失效产品不同，退化型失效产品的功能无法用只有两种状态的属性变量来描述，而是用产品的某个计量特性指标来表示，这个特性指标值的大小反映产品功能的高低，并且该特性指标值随产品工作或储存时间的延长而缓慢地发生变化。在大多数实际问题中，表示产品功能的特性指标值，其稳定的变化趋势总是单调上升或单调下降，且这种退化过程具有不可逆转性。由于产品的上述特性指标值无论是下降变化还是上升变化，它所表示的总是产品功能的下降，因此我们将反映产品功能下降的特性指标值称为**退化量**，常记为 y。在实际情况中，我们根据工程技术的有关要求，事先确定一个数值来评判产品是否失效，当产品的退化量变化达到所确定的数值时，则判定该产品失效，即认为此时产品已不能正常工作。这里所确定的评判产品失效与否的数值，通常称为退化失效临界值，或称退化**失效水平**。退化量 y 常为时间 t 的单调函数，即 $y=y(t)$。退化失效水平常记为 y_c，当退化量随时间变化达到失效水平 y_c 的时刻 T_c 就是产品寿命，见图1.2.2。

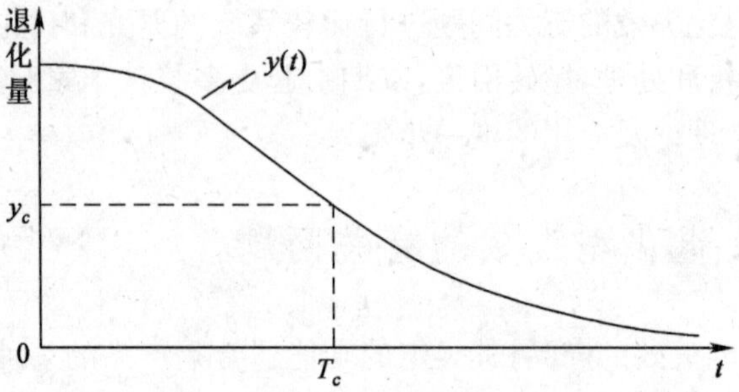

图 1.2.2 退化型失效示意图：
退化量 y 达到失效水平 y_c 的时刻 T_c 就是产品寿命

综上讨论可知，突发型失效产品在失效以前其功能保持不变，或基本保持不变，而失效以后功能完全丧失。退化型失效产品在失效以前功能就在不断下降，而失效以后功能并不完全丧失，并且失效与否是相对失效水平而言的。这里将产品的失效分成**突发型失效**与**退化型失效**，主要是针对元器件产品，对于整机系统的产品，其元器件可以是突发型失效产品，也可以是退化型失效产品，因此整机系统的失效形式可以是突发型失效与退化型失效的混合**竞争型失效**。例如电机线圈的击穿短路会引起电机突发型失效，而机械部件的磨损则会使电机产生退化型失效，实际中电机的失效形式则是两种失效的竞争结果。本书只研究单一的退化型失效问题。

§1.3 退化轨道与退化数据

随着时间的延长，产品的退化量 $y(t)$ 的变化轨迹称为**退化轨道**，或称为**退化曲线**。这是产品性能退化的真实写照，十分宝贵，人们从退化机理出发利用物理、化学，甚至工程科学知识去获得退化轨道。当这条路难于获得时就转而用统计方法去获得近似的退化轨道。图 1.3.1 所示曲线是三种常见的退化曲线。其中左图(a)是**增长退化曲线**，右图(b)是**下降退化曲线**。按曲线形状又可分为**线性退化**和**曲线退化**。

1)线性退化。其退化量的变化率(简称**退化率**)是常数，即

$$\frac{d[y(t)]}{dt}=b \quad 或 \quad y(t)=a+bt$$

其中 $a=y(0)$。有时退化量 $y(t)$ 并非是 t 的线性函数，但对 $y(t)$ 作某种变换，或对时间 t 作另一种变换后可得线性关系，也都归入此类。最常见的是

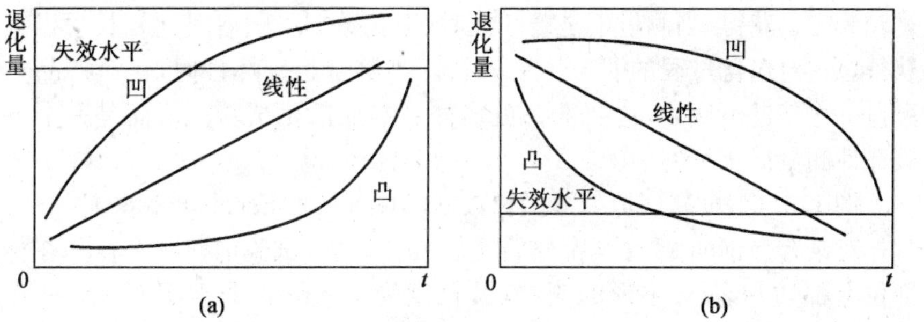

图 1.3.1 退化曲线的三种可能形状

对数变换,如

$$\ln y(t)=a+bt$$

$$y(t)=a+b\ln t$$

$$\ln y(t)=a+b\ln t$$

其中 $b>0$ 得增函数,$b<0$ 得减函数。线性退化在统计中有成熟的处理方法,精度也较高,所以线性退化轨道是人们首选的模型。譬如,某些材料的损耗量(如磨损量、腐蚀量等)常是 t 的线性函数。

2)曲线退化。曲线退化有多种,按退化率的正负来分,退化曲线可分为如下两类:

- 当退化率 $y'(t)>0$ 时,$y(t)$称为增长退化曲线。增长退化也有两种方式,一种是增长退化呈先慢后快,如金属裂缝开始一段时间内裂缝增长很慢,到一定时间后,裂缝增长越来越快,这种退化曲线呈下凸状,称为凸退化。另一种是增长退化呈先快后慢,称为凹退化,详见图 1.3.1(a)。
- 当退化率 $y'(t)<0$ 时,$y(t)$称为下降退化曲线。下降退化也有两种方式,一种是下降退化呈先快后慢,称为凸退化,另一种是下降退化呈先慢后快,称为凹退化,详见图 1.3.1(b)。如某种绝缘材料的寿命是很长的,新的绝缘材料在工作温度下要几十千伏才能击穿它,可随着时间延长,绝缘材料会老化(即退化),其击穿电压也随之下降,当下降到能被 2KV 电压击穿时就认为材料失效。这种绝缘材料的退化开始很缓慢,且要维持很长一段时间后退化才会加快,其退化曲线呈凹曲线状。其中 2KV 就退化水平。

为了研究退化轨道常需对一组样品在退化过程中不同时刻分别测量其退化量,退化量的测量值称为**退化数据**。如对第 i 个样品在时刻 t_j 处的退化量为 $y_{ij}=y_i(t_j)$,由于测量总带来误差,故测量值 z_{ij} 并不总是 y_{ij},其间含有误差 ε_{ij},即 $z_{ij}=y_{ij}+\varepsilon_{ij}=y_i(t_j)+\varepsilon_{ij}$。当有一定的测量仪器时,退化数据还是较为容易获得，当测量不是破坏性时，退化数据可随着时间延长可以大量获得。这对退化过程的研究十分有益。当测量是破坏性时，一个产品只能测量一次就退出试验，这要准备更多样品参加退化试验。下面是一个不是破坏性测量退化量的例子。

例 1.3.1 金属疲劳裂缝增长数据(Meeker 和 Escobar,1989)。

对某合金钢的 21 个样品进行旋转疲劳试验，试验前对每个样品在相同部位上都切割有 V 字形的裂缝，其长度为 0.9mm。试验开始后，每旋转 0.01 百万次测其裂缝长度，当裂缝增至 1.6mm 时就判为失效，这个 1.6mm 就是**失效水平**。另外，事先规定，试验旋转次数达到 0.12 百万次时中止试验。试验中测得的退化数据如表 1.3.1 所示，相应的退化轨道如图 1.3.2 所示。

表 1.3.1 金属疲劳裂缝尺寸随旋转次数增加的退化数据

产品编号	旋转次数/百万次												
	0.00	001	0.02	0.03	0.04	0.05	0.06	0.07	0.08	0.09	0.10	0.11	0.12
1	0.90	0.95	1.00	1.05	1.12	1.19	1.27	1.35	1.48	1.64			
2	0.90	0.94	0.98	1.03	1.08	1.14	1.21	1.28	1.37	1.47	1.60		
3	0.90	0.94	0.98	1.03	1.08	1.13	1.19	1.26	1.35	1.46	1.58	1.77	
4	0.90	0.94	0.98	1.03	1.07	1.12	1.19	1.25	1.34	1.43	1.55	1.73	
5	0.90	0.94	0.98	1.03	1.07	1.12	1.19	1.24	1.34	1.43	1.55	1.71	
6	0.90	0.94	0.98	1.03	1.07	1.12	1.18	1.23	1.33	1.41	1.51	1.68	
7	0.90	0.94	0.98	1.02	1.07	1.11	1.17	1.23	1.32	1.41	1.52	1.66	
8	0.90	0.93	0.97	1.00	1.06	1.11	1.17	1.23	1.30	1.39	1.49	1.62	
9	0.90	0.92	0.97	1.01	1.05	1.09	1.15	1.21	1.28	1.36	1.44	1.55	1.72
10	0.90	0.92	0.96	1.00	1.04	1.08	1.13	1.19	1.26	1.34	1.42	1.52	1.67
11	0.90	0.93	0.96	1.00	1.04	1.08	1.13	1.18	1.24	1.31	1.39	1.49	1.65
12	0.90	0.93	0.97	1.00	1.03	1.07	1.10	1.16	1.22	1.29	1.37	1.48	1.64
13	0.90	0.92	0.97	0.99	1.03	1.06	1.10	1.14	1.20	1.26	1.31	1.40	1.52
14	0.90	0.93	0.96	1.00	1.03	1.07	1.12	1.16	1.20	1.26	1.30	1.37	1.45
15	0.90	0.92	0.96	0.99	1.03	1.06	1.10	1.16	1.21	1.27	1.33	1.40	1.49
16	0.90	0.92	0.95	0.97	1.00	1.03	1.07	1.11	1.16	1.22	1.26	1.33	1.40
17	0.90	0.93	0.96	0.97	1.00	1.05	1.08	1.11	1.16	1.20	1.24	1.32	1.38
18	0.90	0.92	0.94	0.97	1.01	1.04	1.07	1.09	1.14	1.19	1.23	1.28	1.35
19	0.90	0.92	0.94	0.97	0.99	1.02	1.05	1.08	1.12	1.16	1.20	1.25	1.31
20	0.90	0.92	0.94	0.97	0.99	1.02	1.05	1.08	1.12	1.16	1.19	1.24	1.29
21	0.90	0.92	0.94	0.97	0.99	1.02	1.04	1.07	1.11	1.14	1.18	1.22	1.27

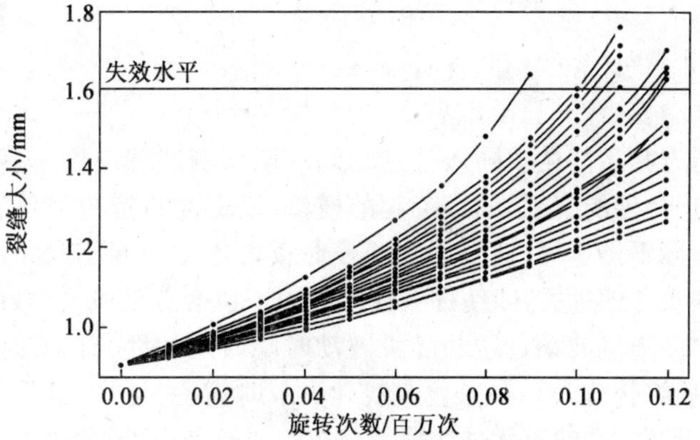

图 1.3.2 金属疲劳裂缝的退化轨道

从表 1.3.1 的退化数据可见,这项试验中有部分金属材料失效,另一部分没有失效。但这些退化数据都给人们提供失效信息。现在的问题是:如何利用这些数据来评定该金属材料的可靠性特征?

从图 1.3.2 上可以看出,金属材料疲劳裂缝的增长率的增长方式是先慢后快,即随着裂缝长度增加而逐渐加快,若设 $y(t)$ 为时刻 t 时裂缝的大小,Dowling(1993)建议,在一定范围内可用 Paris 模型

$$d[y(t)]/dt=C[\Delta K(y)]^m$$

来描述裂缝增长率,这里 C 和 m 是由材料特性决定的参数,$\Delta K(y)$ 是"应力强度范围函数",它是裂缝大小 y、所用应力的范围、大小和形状的函数。例如片状材料二维刀口裂缝模型中,裂缝大小与片状材料的宽度关系很小(小于 3%)时,可取 $\Delta K(y)=S\sqrt{\pi y}$,这时上述微分方程的解为

$$y(t)=\begin{cases}[y(0)^{1-m/2}+(1-m/2)C(S\sqrt{\pi})^m t]^{2/(2-m)} & (m\neq 2)\\ y(0)\exp\{C(S\sqrt{\pi})^2 t\} & (m=2)\end{cases} \tag{1.3.1}$$

在 $m=2.05$ 时,此解就是图 1.3.1(a)中的凸曲线。这条曲线决定了裂缝增长的总的趋势,但每块金属材料裂缝增长间还是有很多差异,图 1.3.2 上诸多增长退化曲线就把这些差异显露出来,因为在研究金属材料裂缝增长的物理机理时,只能考察主要因素的影响,还有很多因素,特别是一些随机因素都被忽略了,这就需要用统计方法来处理这批数据,寻找统计规律。何况在很多退化数据的物理的或化学的退化机理尚不完全清楚的情况下,更需要用统计方法加以研究。

§1.4 退化中的波动

假如所有产品都在相同条件和相同环境下制造和使用,失效水平也相同,那么根据物理的、化学的或工程的模型,其退化轨道与失效时间应是相同的。可实际不是这样,这是因为建模时仅考虑主要因子,那些次要因子、随机因子很难考虑进去,即使进入模型的因子也会有随机波动,而模型外的因子有更多的随机波动。这些随机波动时隐时现,时大时小、时正时负,很难控制,最后综合地表现在退化曲线和失效时间上。所以退化与波动总是相伴而行,没有波动的退化过程是不存在的。或者说,退化总是受到各种各样波动的干扰,我们的任务是要尽力减弱或控制各种干扰,寻找最接近实际的退化曲线。为此我们应认识波动及其源头。常见的波动有以下几类。

1)产品间的波动,如:

● 初始条件的差异,图 1.4.1 表示的是疲劳裂缝增长的 Paris 模型(1.3.1)的退化曲线,它们是初始裂缝不同,其他条件不变而产生不同的退化曲线。

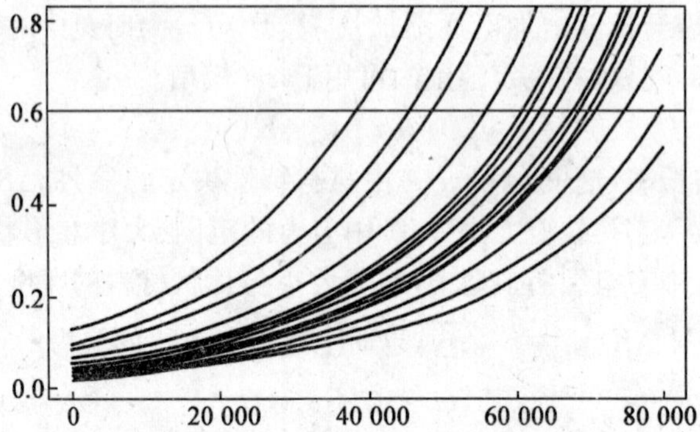

图 1.4.1 其他条件相同,仅初始裂缝不同而产生的不同退化曲线

● 材料性能的波动,图 1.4.2 表示的是疲劳裂缝增长的 Paris 模型(1.3.1)的退化曲线,它们的材料性能参数 c 和 m 和初始裂缝大小都有波动,由于 c 和 m 不同,裂缝增长曲线出现交叉状态。

● 元件的形状和大小的差异。

2)产品内的波动,主要指材料不均匀,制造工艺不一致,元器件筛选不够而引起的波动。

3)由于操作和环境条件而引起的波动,包括测量仪器和操作人员引起

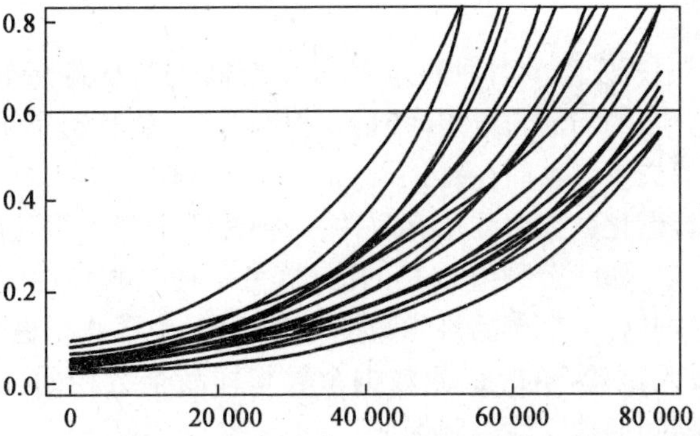

图 1.4.2 材料特性参数 c 和 m 的波动和初始裂缝波动所形成的退化曲线

的波动。

除了上述所描述的材料特性的波动外，退化率还依赖于操作和环境条件。在裂缝退化模型中外加应力大小对退化有影响，并且这种影响是随机的，图 1.4.3 表明了这种影响，其中除外加应力波动外，初始裂缝和材料参数 c 和 m 的波动也含在其中。

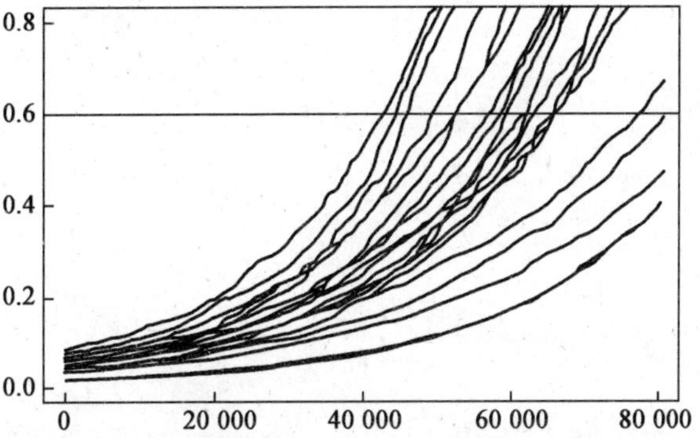

图 1.4.3 在疲劳裂缝模型中外加应力波动对退化的影响，其中还包含初始裂缝的波动和材料参数 c 和 m 的波动

这里叙述的几个模型相对于更精确的模型是简单的，那些更精确的模型肯定存在，不过其中很多还没有被人们认识。在某些场合，这些简单模型是可以使用的。

从上述叙述可见，当产品间的波动和外界环境的波动过大，特别是最后的测量误差过大，可使最后的累积波动过大，以致于在退化数据与失效时间之间找不到什么关系。所以尽可能控制上述波动和测量误差在退化试验中是很重要的。

退化过程中所发生的各种波动都可用随机变量及其分布描述，所谓控制，就是控制分布的均值与方差，特别要控制方差，使其越小越好，当方差为零时，波动就消失了。

顺便指出，退化数据的测量有两种：一种是一个产品可随时间延长不断地测量其退化量，如疲劳裂缝增长的测量；另一种是破坏性测量，如测量绝缘材料的击穿电压，一个产品只能测量一次，这时为了获得退化信息就需要大量的产品投入试验，这时退化数据个数与样品个数相同，试验成本增加了，但退化数据间的独立性得到保证。

第二章
退化数据统计模型及其参数估计

§2.1 退化轨道函数

综合前面的讨论可以看出，一个产品的退化量 y 不仅是时间 t 的单调函数，而且还依赖于一些参数 α 与 β，这样的函数称为**退化轨道函数**，记为

$$y=y(t,\alpha,\beta) \tag{2.1.1}$$

其中参数可分为两类：一类是**固定参数**(向量)α，它对总体中所有产品都是不变的；另一类是**随机参数**(向量)β，它随着产品不同而随机变化。在某些场合，固定参数可能不存在，但随机参数至少有一个。可见，退化轨道函数的随机性就体现在随机参数 β 上。因此要给定一个退化轨道函数，还需给定 β 的分布，若随机参数 β 是 k 维场合，即 $\beta=(\beta_1,\cdots,\beta_k)$，那就需要给出一个 k 维分布。由于随机参数 β 很难直接观察，故通常认为 β 服从 k 维正态分布 $N_k(\mu_\beta,\Sigma_\beta)$，其中均值向量 μ_β 与方差协方差阵 Σ_β 都需要通过退化量 y 的观察值作出估计，这项假设也放宽为 β 服从均值 μ_β 与方差协方差阵为 Σ_β 的 k 维分布，这个分布可记为 $\beta\sim(\mu_\beta,\Sigma_\beta)$。这样一来，退化轨道函数 y 可一般假设为

$$\begin{cases} y=y(t,\alpha,\beta) \\ \beta\sim(\mu_\beta,\Sigma_\beta) \end{cases} \tag{2.1.2}$$

最简单的退化轨道函数是线性退化轨道函数。图 2.1.1 显示随机斜率线性退化轨道函数。图 2.1.2 显示随机截距线性退化轨道函数。它们虽然简单，但却受到人们重视。

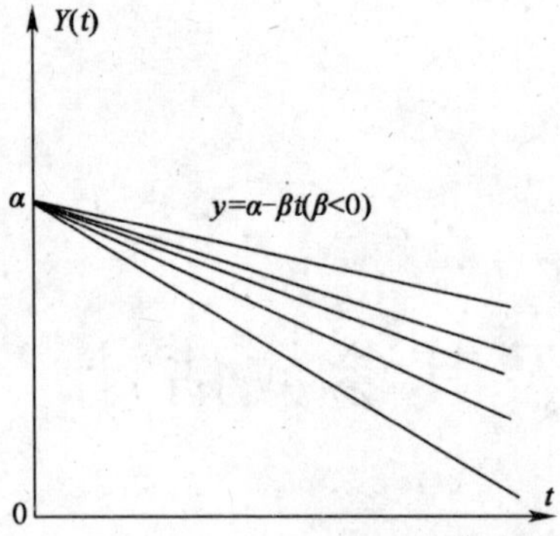

图 2.1.1　随机斜率线性退化轨道函数

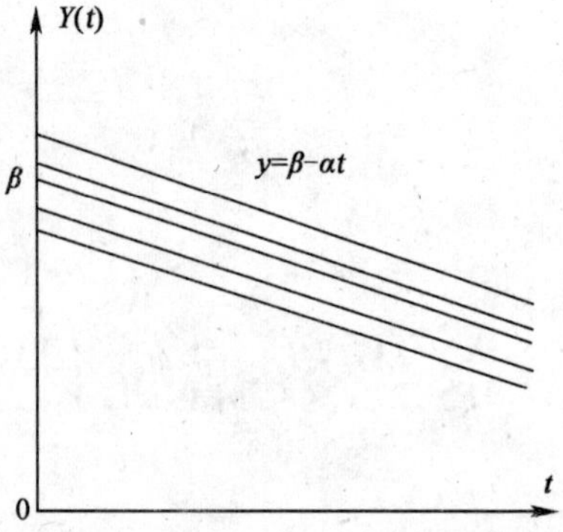

图 2.1.2　随机截距线性退化轨道函数

§2.2　退化数据统计模型

在退化轨道函数(2.1.2)的基础上，若有 m 个产品参加退化试验，并约定在某些事先指定时间 $t_1<t_2<\cdots<t_n$ 上测量其退化量，记 z_{ij} 为第 i 个产品在第 j 个测量点 t_j 上的测量值(退化数据)($i=1,\cdots,m;j=1,\cdots,n$)。为了便于以后的统计分析，需要对诸退化数据给出若干假设，建立退化数据统计模型。由于退化量的测量有非破坏性和破坏性两种情况，而这两种情况下获得的退化数据存有差异，从而其退化轨道统计模型也略显差异，这也会影响以后的统计分析，以下分两种情况建立退化轨道统计模型。

1)非破坏性连续测量的退化数据

在非破坏性测量场合下，一个产品可以在不同时刻进行多次测量。m 个产品可以在相同时刻($t_1<t_2<\cdots<t_n$)测量，也可在不同时刻($t_{i1}<t_{i2}<\cdots<t_{im_i},i=1,\cdots,m$)测量。在条件许可下，尽量采用前者，这便于观察在时刻 t_j 处 m 个退化数据 $z_{1j},z_{2j},\cdots,z_{mj}$ 的分布形态。这些在进行退化试验前就要进行精心设计。在这种情况下，退化数据统计模型可综合如下。

$$\begin{cases} z_{ij}=y(t_j,\alpha,\beta_i)+\varepsilon_{ij} \quad (i=1,\cdots,m;j=1,\cdots,n) \\ \{\beta_i\}\overset{iid}{\sim}(\mu_\beta,\Sigma_\beta) \\ \{\varepsilon_{ij}\}\overset{iid}{\sim}(0,\sigma_e^2),\text{且}\{\beta_i\}\text{与}\{\varepsilon_{ij}\}\text{相互独立} \end{cases} \tag{2.2.1}$$

其中 $y(t_j,\alpha,\beta_i)\triangleq y_{ij}$ 是退化量，z_{ij} 是其测量值，α 是固定参数(向量)，$\beta_1,\cdots,\beta_n$ 是随机参数(向量)，它可看作是来自某概率分布(μ_β,Σ_β)的一个样本。参数个数常取 1～4 个为宜，过多参数会使以后统计分析增加麻烦。符号(0,

σ_e^2)表示均值为0,方差为 σ_e^2 的分布。可以是正态分布 $N(0,\sigma^2)$,也可以不是正态分布,而是其他分布。

测量时间 t 通常是日历时间,但也可以是汽车行驶的公里数,或是疲劳试验旋转的圈数等。y 和 t 尺度的选择,应使退化轨道 $y(t)$ 得以简化,并尽量利用物理的、化学的或工程的知识获得退化轨道的显式表示。常可使用退化量的对数($\ln y$)和时间的对数($\ln t$)使模型简化。

2)破坏性测量的退化数据

在破坏性测量场合下,一个产品只能测量一次,测量之后退出试验,这时要准备较多的参试样品。要获得较多退化数据就要准备更多样品。若准备 m 个参试样品,计划在 $t_1<t_2<\cdots<t_n$ 时刻进行测量,为此要把 m 个样品分为 n 组,尽量均分,各组样品数分别为 $m_1,m_2,\cdots,m_n$,在时刻 t_1 取 m_1 个样品进行退化试验,获得退化数据 $z_{11},z_{12},\cdots,z_{1n_1}$,对 $t_1,\cdots,t_n$ 时刻也可类似进行,若退化轨道为 $y(t,\alpha,\beta)$,则其退化数据 z_{ij} 可作如下假设,形成如下退化数据统计模型

$$\begin{cases} z_{ij}=y(t_j,\alpha,\beta_{ij})+\varepsilon_{ij} \quad (i=1,\cdots,n;j=1,\cdots,n_i) \\ \{\beta_{ij}\}\overset{iid}{\sim}(\mu_\beta,\Sigma_\beta) \\ \{\varepsilon_{ij}\}\overset{iid}{\sim}(0,\sigma_e^2),\text{且}\{\beta_{ij}\}\text{与}\{\varepsilon_{ij}\}\text{相互独立} \end{cases} \tag{2.2.2}$$

其中一个产品对应一个 β_{ij},其他各参数的说明如同模型(2.2.1)类似。

§2.3 一般退化轨道中的参数估计

1)在一般退化数据统计模型(2.2.1)中有两类参数需要估计

- 模型参数 $\theta_\beta=(\mu_\beta,\Sigma_\beta)$ 和测量误差的标准差 σ_ε;
- 参试样品的 $\beta_1,\cdots,\beta_k$ 的实现值,这是为了预测该样品今后的退化情况。

在退化轨道函数已知下和在模型(2.2.1)中加入正态性假设计就可对模型中的参数作出最大似然估计,否则只能作出最小二乘估计或其他估计。

2)$\theta_\beta=(\mu_\beta,\Sigma_\beta)$ 的最大似然估计

设 $\beta=(\beta_1,\cdots,\beta_k)'\sim N_k(\mu_\beta,\Sigma_\beta)$,其密度函数为 $f_\beta=f_\beta(\beta_{1i},\cdots,\beta_{ki})$,又知 $\varepsilon_{ij}\sim N(0,\sigma_\varepsilon^2)$,故

$$\zeta_{ij}=\frac{z_{ij}-y(t_{ij},\beta_{1i},\cdots,\beta_{ki})}{\sigma_\varepsilon}\sim N(0,1)$$

记 $\varphi(\cdot)$ 为标准正态密度函数，这样可写出退化模型的似然函数：

$$L(\theta_\beta,\sigma_\varepsilon \mid Data)=\prod_{i=1}^{n}\int_{-\infty}^{+\infty}\cdots\int_{-\infty}^{+\infty}\left[\prod_{j=1}^{m_i}\frac{1}{\sigma_\varepsilon}\varphi(\zeta_{ij})\right]f_\beta d\beta_{1i}\cdots d\beta_{ki}$$

上述似然函数涉及 n 个 k 重积分(n 是样本轨道数，k 是模型随机参数个数)，要对$(\mu_\beta,\Sigma_\beta,\sigma_\varepsilon)$直接求这个似然函数的极大值就当今的计算能力来说是相当困难的，只有当 $y(t)$ 是线性函数时或许还有点可能，因此只能用近似积分求得 $\mu_\beta,\Sigma_\beta,\sigma_\varepsilon$ 的近似极大似然估计。下面以金属疲劳裂缝模型为例说明参数估计过程。

例 2.3.1 金属疲劳裂缝增长数据见表 1.3.1，其模型可用(1.3.1)描述，若取

$$z_{ij}=y(t_{ij})+\varepsilon_{ij}$$
$$y(0)=0.9,\quad s=1$$
$$\beta_1=m,\quad \beta_2=c$$

并设随机参数(β_1,β_2)服从二元正态分布，$\varepsilon_{ij}\sim N(0,\sigma_\varepsilon^2)$。其中 $i=1,2,\cdots,21$；$j=1,2,\cdots,n_i$；$n_1=9,n_2=10,\ n_3=\cdots=n_8=11,n_9=\cdots=n_{21}=12$。Pinheiro 和 Bates 研究了这个模型中参数的最大似然估计，并用近似积分给出了近似的最大似然估计：

$$\hat{\mu}_\beta=\begin{pmatrix}5.17\\3.73\end{pmatrix},\quad \hat{\Sigma}_\beta=\begin{pmatrix}0.251 & -0.194\\-0.194 & 0.519\end{pmatrix},\quad \hat{\sigma}\varepsilon=0.0034$$

3)随机参数 $\beta_1,\cdots,\beta_k$ 在第 i 个样品上的实现值的估计

设随机参数 $\beta_1,\cdots,\beta_k$ 在第 i 个样品上的实现值分别为 $\beta_{1i},\cdots,\beta_{ki}$，为了评定第 i 个样品的失效状态，需要知道它的轨道，从而需要获得 $\beta_{1i},\cdots,\beta_{ki}$ 的估计值。这可用最小二乘法，现已知第 i 个样品在时间 $t_{i1},t_{i2},\cdots,t_{in_i}$ 处测得退化量 $y_{i1},y_{i2},\cdots,y_{in_i}$，从而 $\beta_i=(\beta_{1i},\cdots,\beta_{ki})$ 的最小二乘估计 $\hat{\beta}_i$ 满足

$$Q(\hat{\beta}_i)=\min_{\beta_i}\left\{\sum_{j=1}^{n_i}[z_{ij}-y(t_{ij},\beta_i)]^2\right\}$$

若 $y(t_{ij})$ 是 β_i 的线性函数，此种 $\hat{\beta}_i$ 可得显式解，若 $y(t_{ij})$ 是 β_i 的非线性函数，那只能得到数值解。

例 2.3.2 在金属疲劳裂缝模型中，利用非线性最小二乘法可得随机参数$(\beta_1,\beta_2)=(m,c)$在第 i 个样品上的实现值的估计，结果点在图 2.3.1 上。图 2.3.1 上的椭圆是(β_1,β_2)的二维正态分布密度函数的等高线。从图中 21 个点的分布状况看，中间多，四周少，可见对这个问题，用二维正态

分布的假定是适当的。

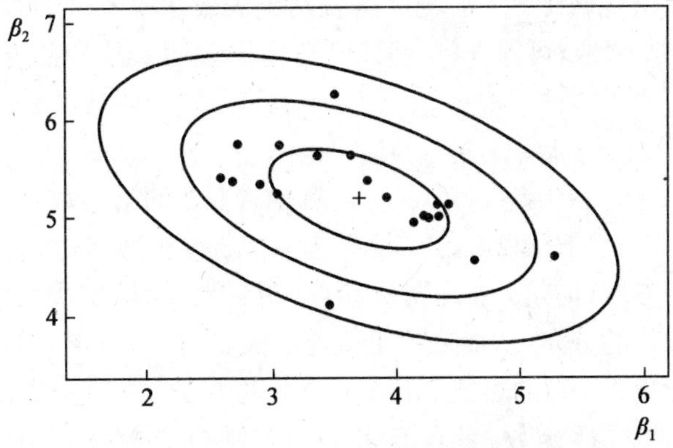

图 2.3.1 (β_1,β_2)在各样本点上的估计值

当把这些估计值代入模型中的 $y(t_{ij},\beta_1,\beta_2)$,可得 21 条轨道,具体见图 2.3.2。图 2.3.2 表明,Paris 模型对疲劳裂缝增长是适宜的。

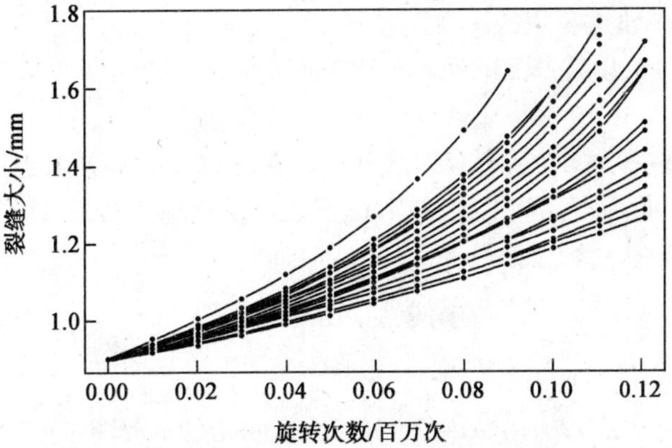

图 2.3.2 疲劳裂缝增长数据与 Paris 模型

§2.4 失效分布函数

在前面已经指出,当产品的性能退化到一定的程度会导致其丧失应有的功能,即失效。在这里产品的失效是指退化轨道 $y(t)$ 首次达到预先确定的失效水平 y_c,由此可以确定一个失效分布,它是退化模型参数的一个函数。若产品寿命为 T，则在 $y(t)$ 是增函数场合，事件“产品在 t 时刻之前失效”等价于“其退化轨道在 t 时刻之前就达到失效水平 y_c”，即“$T\leqslant t$”等价于“$y(t)\geqslant y_c$”。类似地，可对 $y(t)$ 是减函数作出说明。故产品寿命 T 的分布函数为

$$F_T(t)=P(T\leqslant t)$$
$$=\begin{cases}P(y(t,\alpha,\beta)\geqslant y_c)，当\ y(t)\ 是\ t\ 的增函数\\ P(y(t,\alpha,\beta)\leqslant y_c)，当\ y(t)\ 是\ t\ 的减函数\end{cases}\tag{2.4.1}$$

其中 α 是固定参数(向量)，β 是随机参数(向量)。当给定失效水平 y_c 后，T 的分布依赖于 β 的分布，从而依赖于轨道参数 α 与 β。在某些简单场合，由 β 的分布可以导出 $F_T(t)$ 的显式表达式。在一般场合，这种显式表达式很难导出，如 $y(t)$ 是非线性函数，且含有多于一个随机参数场合，估计分布函数 $F_T(t)$ 不得不用数值方法。下面用例子说明获得 $F_T(t)$ 的各种途径。

2.4.1 $F_T(t)$ 的解析解

对一些简单的轨道模型，特别是仅有一个随机参数的轨道模型，$F(t)$ 能够表达成简单轨道参数的函数形式。

例 2.4.1 设某产品的实际退化轨道是时间 t 的线性增函数，即

$$y(t)=\alpha+\beta t\quad(\beta>0)\tag{2.4.2}$$

其中 α 是固定参数，表示所有的试验产品在时刻 0 时的初始退化量，而 β 是随机参数，它是由产品间的差异引起的，表示**退化率**。考虑 β 的三种分布：

1)若 β 服从对数正态分布 $LN(\mu,\sigma^2)$，即

$$P(\beta\leqslant b)=\Phi\left(\frac{\ln b-\mu}{\sigma}\right)$$

那么产品的失效分布为

$$\begin{aligned}F(t;y_c,\mu,\sigma)&=P(y(t)\geqslant y_c)=P(\alpha+\beta t\geqslant y_c)\\&=P\left(\beta\geqslant\frac{y_c-\alpha}{t}\right)\\&=1-\Phi\left(\frac{\ln(y_c-\alpha)-\ln t-\mu}{\sigma}\right)\\&=\Phi\left(\frac{\ln t-[\ln(y_c-\alpha)-\mu]}{\sigma}\right)\quad(t>0)\end{aligned}$$

这表明产品寿命 T 服从对数正态分布 $LN(\ln(y_c-\alpha)-\mu,\sigma^2)$，其对数正态均值为 $\exp\left\{\ln(y_c-\alpha)-\mu+\frac{\sigma^2}{2}\right\}$，而 σ 是对数标准差。这里要求 $y_c>\alpha$ 是合理的。

当退化轨道 $y(t)$是线性减函数时，即 $y(t)=\alpha-\beta t(\beta>0)$，而$\beta$仍服从对数正态分布 $LN(\mu,\sigma^2)$，仍可导出寿命 $T\sim LN(\ln(\alpha-y_c)-\mu,\sigma^2)$。这里要求 $y_c<\alpha$ 是合理的。

2)若β服从威布尔分布 $Wei(m,\eta)$，即

$$P(\beta\leqslant b)=1-\exp\left\{-\left(\frac{b}{\eta}\right)^m\right\}\quad(b>0)$$

那么在 $y(t)$是增函数场合 $y(t)=\alpha+\beta t(\beta>0)$，产品寿命分布函数为

$$\begin{aligned}F_T(t)&=P(T\leqslant t)=P(y(t)\geqslant y_c)\\&=P(\alpha+\beta t\geqslant y_c)=P\left(\beta\geqslant\frac{y_c-\alpha}{t}\right)\\&=\exp\left\{-\left(\frac{y_c-\alpha}{t\eta}\right)^m\right\}\quad(t>0)\end{aligned}$$

这是一个倒威布尔分布(若 $T\sim Wei(m,\eta)$，则 T^{-1}的分布称为倒威布尔分布，记为 $I\,Wei(m,\eta)$)，这里 $T\sim I\,Wei(m,\eta/(y_c-\alpha))$。这里要求 $y_c>\alpha$ 是合理的。

当退化轨道 $y(t)=\alpha-\beta t(\beta>0)$是 t 的减函数，而β仍服从威布尔分布 $Wei(m,\eta)$，仍可导出产品寿命分布函数为

$$F_T(t)=\exp\left\{-\left(\frac{\alpha-y_c}{x\eta}\right)^m\right\}\quad(t>0)$$

这里 $T\sim I\,Wei(m,\eta/(\alpha-y_c))$，要求 $y_c<\alpha$ 是合理的。

3)若β服从伽玛分布 $Ga(a,\lambda)$，即由伽玛分布产生退化率，则在增函数 $y(t)=\alpha+\beta t(\beta>0)$场合，可导出产品寿命分布为倒伽玛分布 $I\,Ga(a,\lambda(y_c-\alpha))$，这里要求 $y_c>\alpha$ 是合理的。

而在减函数 $y(t)=\alpha-\beta t(\beta>0)$场合，也可导出产品寿命分布为倒伽玛分布 $I\,Ga(a,\lambda(\alpha-y_c))$，这里要求 $y_c<\alpha$ 是合理的。

注意，伽玛分布 $Ga(a,\lambda)$的密度函数为

$$f(x)=\frac{\lambda^a}{P(a)}x^{a-1}e^{-\lambda x}\quad(x>0)$$

而 $u=1/x$ 的密度函数为

$$f(u)=\frac{\lambda^a}{P(a)}\left(\frac{1}{u}\right)^{a+1}e^{-\lambda/u}\quad(u>0)$$

这就是倒伽玛分布，记为 $I\,Ga(a,\lambda)$。

综合例 2.4.1 的讨论可以看出，获得退化失效分布(分布函数 $F_T(t)$或密度函数 $f_T(t)$)可分如下三步进行。

(i)确定退化轨道函数中随机参数β的分布。

(ii)利用退化轨道函数$y=y(t,\alpha,\beta)$导出退化量$y(t)$的分布。

(iii)对给定的失效水平y_c,利用式(2.4.1)导出产品寿命(失效时间)T的分布。

譬如在随机斜率退化轨道函数

$$y(t)=y(t,\alpha,\beta)=\alpha-\beta t$$

其中α是固定参数,β是随机参数,失效水平为y_c,且$0<y_c<\alpha,\beta>0$。若设β的分布函数为$G(\beta)$,密度函数为$g(\beta)$,则可先导出$y(t)$的分布

$$F_y(y|t)=1-G\left(\frac{\alpha-y}{t}\right)$$

$$f_y(y|t)=\frac{1}{t}g\left(\frac{\alpha-y}{t}\right)$$

然后由(2.4.1)式可导出退化失效分布

$$F_T(t|y_c)=1-G\left(\frac{\alpha-y_c}{t}\right)$$

$$f_T(t|y_c)=\frac{\alpha-y_c}{t}g\left(\frac{\alpha-y_c}{t}\right)$$

图2.4.1示意了退化量$y(t)$在时刻t的密度函数$f_Y(y|t)$与产品寿命T的密度函数$f_T(t|y_c)$间的联系。图中阴影部分面积S_1,S_2,S_3分别是在t_1,t_2,t_3时刻退化量$y(t)$不超过失效水平y_c的概率,其变化率如底部t轴上的密度函数$f_T(t|y_c)$。

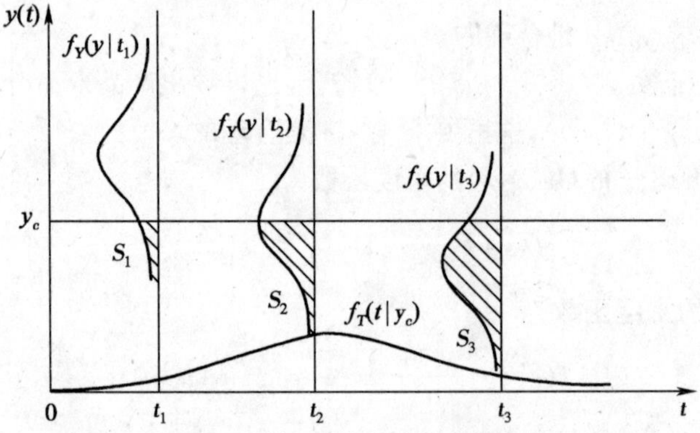

图2.4.1　退化量$y(t)$的密度$f_Y(y|t)$与寿命T的密度函数$f_T(t|y_c)$的关系示意图

例2.4.2　随机截矩线性退化轨道。为确定起见,这里假设退化轨道函

数 $y(t)$是 t 的线性减函数，即设

$$y(t)=\beta-\alpha t \quad (\alpha>0) \tag{2.4.3}$$

其中 α 为固定参数，β 为随机参数。且设 β 的分布函数 $G(\beta)$，密度函数为 $g(\beta)$。为了获得有意义的退化失效分布，需要有 $P(\beta>y_c)=1$，这时常在 β 的分布中引入门限参数，且使该门限参数超过失效水平。这时不难求得退化量 y 在时刻 t 的分布

$$\begin{aligned} F_Y(y|t)&=G(\alpha t+y)\\ f_Y(y|t)&=g(\alpha t+y) \end{aligned} \tag{2.4.4}$$

再利用式(2.4.1)，求得寿命 T 的分布

$$\begin{aligned} F_T(t|y_c)&=G(\alpha t+y_c)\\ f_T(t|y_c)&=\alpha g(\alpha t+y_c) \end{aligned} \tag{2.4.5}$$

对 $y(t)$是线性增函数亦可类似推得，这里不再详述了。以下对几种常见的三参数分布给出一些具体结果。

1)β 服从三参数对数正态分布 $LN(\mu,\tau^2,\gamma)$，其中门限参数 $\gamma\geqslant y_c$，即有

$$G(\beta)=\Phi\left\{\frac{\log(\beta-\gamma)-\mu}{\tau}\right\} \quad (\beta>\gamma)$$

由式(2.4.4)和式(2.4.5)则可得

$$F_T(t|y_c)=\Phi\left\{\frac{\log[t-(\gamma-y_c)/\alpha]-(\mu-\log\alpha)}{\tau}\right\} \quad \left(t>\frac{\gamma-y_c}{\alpha}\right)$$

$$F_Y(y|t)=\Phi\left\{\frac{\log[y-(\gamma-\alpha t)]-\mu}{\tau}\right\} \quad (y>\gamma-\alpha t)$$

由此可知

$$T(y_c)\sim LN(\mu-\log\alpha,\tau^2,(\gamma-y_c)/\alpha)$$
$$Y(t)\sim LN(\mu,\tau^2,\gamma-\alpha t)$$

若取 $\gamma=y_c$，则寿命 $T(y_c)$服从二参数对数正态分布。

2)β 服从三参数 Weibull 分布 $W(m,\eta,\gamma)$，其中门限参数 $\gamma\geqslant y_c$，即有

$$G(\beta)=1-\exp\left\{-\left(\frac{\beta-\gamma}{\eta}\right)^m\right\} \quad (\beta>\gamma)$$

由式(2.4.4)和式(2.4.5)则可得

$$F_T(t|y_c)=1-\exp\left\{-\left(\frac{t-(\gamma-y_c)/\alpha}{\eta/\alpha}\right)^m\right\} \quad \left(t>\frac{\gamma-y_c}{\alpha}\right)$$

$$F_Y(y|t)=1-\exp\left\{-\left(\frac{y-(\gamma-\alpha t)}{\eta}\right)^m\right\} \quad (y>\gamma-\alpha t)$$

由此可知

$$T(y_c) \sim W(m, \eta/\alpha, (\gamma - y_c)/\alpha)$$
$$Y(t) \sim W(m, \eta, \gamma - \alpha t)$$

若取 $\gamma = y_c$，则寿命 $T(y_c)$ 服从二参数 Weibull 分布 $W(m, \eta/\alpha)$。

3) β 服从三参数 Gamma 分布 $\Gamma(a, b, \gamma)$，其中门限参数 $\gamma \geqslant y_c$，即有

$$g(\beta) = \frac{b^a}{\Gamma(a)}(\beta - \gamma)^{a-1} \exp\{-b(\beta - \gamma)\} \quad (\beta > \gamma)$$

由式(2.4.4)和式(2.4.5)可得

$$f_T(t|y_c) = \frac{(\alpha b)^a}{\Gamma(a)}\left(t - \frac{\gamma - y_c}{\alpha}\right)^{a-1} \exp\left\{-\alpha t\left(t - \frac{\gamma - y_c}{\alpha}\right)\right\} \quad \left(t > \frac{\gamma - y_c}{\alpha}\right)$$

$$f_Y(y|t) = \frac{b^a}{\Gamma(a)}[y - (\gamma - \alpha t)]^{a-1} \exp\{-b[y - (\gamma - \alpha t)]\} \quad (y > \gamma - \alpha)$$

由此可知

$$T(y_c) \sim \Gamma(a, \alpha b, (\gamma - y_c)/\alpha)$$
$$Y(t) \sim \Gamma(a, b, \gamma - \alpha t)$$

当取 $\gamma = y_c$，则寿命 $T(y_c)$ 服从二参数 Gamma 分布。

例 2.4.2 的失效分布是 $((\gamma - y_c)/\alpha, +\infty)$ 上的三参数分布，其门限参数为 $(\gamma - y_c)/\alpha$，退化量 $y(t)$ 的分布是在 $(\gamma - \alpha t, +\infty)$ 上的三参数分布，其密度函数随 t 的变化可用图 2.4.2 表示。

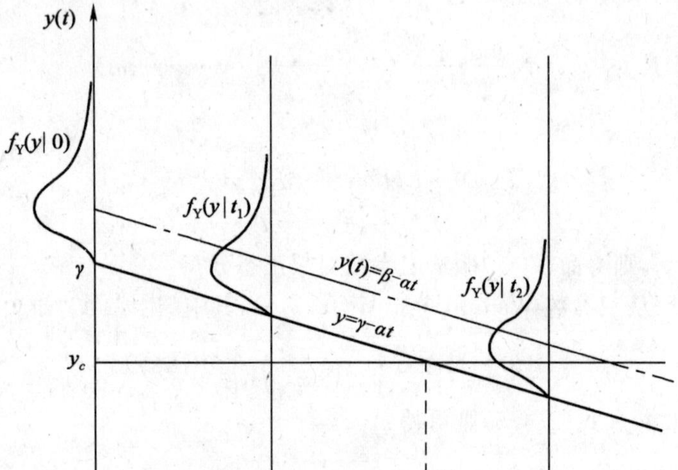

图 2.4.2　随机截距线性退化轨道下退化量 $y(t)$ 的密度函数随 t 变化的示意图

例 2.4.1 和例 2.4.2 的失效分布都是可靠性理论中常见的分布，然而这里 $F_T(t|y_c)$ 中所涉及的参数，要比通常在可靠性理论中见到的有关分布复杂得多，尽管如此，这些模型在退化失效模型中还是比较简单的情况。本文以后还会多次讨论这两个模型的有关问题，因为它们往往是构造更复杂的退化模型的基础。

例 2.4.3　现我们转入讨论截矩与斜率都是随机参数的线性退化轨道函数，为确定起见特设退化轨道是减函数，即

$$y(t)=\beta_1-\beta_2 t$$

其中 β_1 与 β_2 都是随机参数，且设 $\beta=(\beta_1,\beta_2)'$ 为二维正态变量，即 $\beta\sim N_2(b,\Sigma)$，其中

$$b=\begin{pmatrix}b_1\\b_2\end{pmatrix},\quad \Sigma=\begin{bmatrix}\tau_1^2 & \rho\tau_1\tau_2\\ \rho\tau_1\tau_2 & \tau_2^2\end{bmatrix} \tag{2.4.6}$$

这里至少要求 $b_1>y_c$（失效水平），$b_2>0$，即是如此还不能保证退化轨道是减函数，通常还要附加如下要求

$$P(\beta_1>y_c)\approx 1,\quad P(\beta_2>0)\approx 1 \tag{2.4.7}$$

在这些条件下，可以推得退化量 $y(t)$ 在时刻 t 的分布是如下正态分布

$$y(t)\sim N(b_1-b_2t,\tau_1^2-2\rho\tau_1\tau_2t+\tau_2^2t^2)$$

假如退化轨道确是减函数场合，由式(2.4.1)知，其产品寿命失效分布函数为

$$\begin{aligned}F_T(t|y_c)&=P(\Gamma\leqslant t)=P(y(t)\leqslant y_c)\\&=\Phi\left(\frac{y_c-(b_1-b_2t)}{(\tau_1^2-2\rho\tau_1\tau_2t+\tau_2^2t^2)^{1/2}}\right)\\&=\Phi\left(\frac{t-(b_1-y_c)/b_2}{[(\tau_1^2-2\rho\tau_1\tau_2t+\tau_2^2t^2)/b_2^2]^{1/2}}\right)\quad(t>0)\end{aligned} \tag{2.4.8}$$

上述最后结果很像分布函数，实际不是，这是因为

$$F_T(+\infty|y_c)=\lim_{t\to+\infty}F_T(t|y_c)=\Phi(b_2/\tau_2)<1$$

$$F_T(0|y_c)=\lim_{t\to 0}F_T(t|y_c)=\Phi\left(\frac{y_c-b_1}{\tau_1}\right)>0$$

但只要参数选取适当，就可使 $F_T(0|y_c)\approx 0$ 和 $F_T(+\infty|y_c)\approx 1$。从实际应用观点上看，只要适当选取参数，可使 $F_T(t|y_c)$ 作为近似分布函数使用并非不可以。Lu&Meeker(1993)以及 Shao&Chow(1991)等正是出于这种考虑才应用了这种模型(2.4.8)。然而，若进一步分析还会发现，$F_T(t|y_c)$ 的单调性是有条件的。这可将 $F_T(t|y_c)$ 关于 t 求一阶导数，并今其大于零，则可得

$F_T(t|y_c)$为 t 的严增函数的充要条件是

$$\left(\tau_1^2-\rho\tau_1\tau_2\frac{b_1-y_c}{b_2}\right)+\left(\tau_2^2\frac{b_1-y_c}{b_2}-\rho\tau_1\tau_2\right)t>0 \qquad (2.4.9)$$

当 β_1 与 β_2 独立时，有 $\rho=0$，从而上式可改写为

$$t>-\left(\frac{\tau_1}{\tau_2}\right)^2\frac{b_2}{b_1-y_c}$$

由于 $b_1>y_c$ 和 $b_2>0$，故上式总成立，即在 $t>0$ 时 $F_T(t|y_c)$是严增函数，$F_T(t|y_c)$可近似作为分布函数。而当 β_1 与 β_2 有某种相关性，$F_T(t|y_c)$就复杂多变了，单调性也难于保证。

从上述三个例子的讨论中可以看出：某些形式上十分简单而似乎也比较合理的线性退化轨道，其失效分布获得并不简单，在缺乏失效数据场合，使用它们并不方便。而在退化轨道函数是 t 的非线性函数场合，导出寿命分布更为困难的，有时是不可行的。所以纯粹从概率途径寻求寿命分布的解析解是困难的，我们要根据实际情况，改用统计方法，从实际的退化数据去寻求新的途径。

2.4.2 $F_T(t)$的数值积分解

对于退化轨道函数中含有两个或两个以上的随机参数场合，$F_T(t)$通常需要用数值方法得到。下面用例子来叙述这种方法。

例 2.4.4 设 $y(t,\beta_1,\beta_2)$是退化轨道，且是 t 的增函数，其中随机参数(β_1,β_2)服从二元正态分布 $N(\mu_1,\mu_2,\sigma_1^2,\sigma_2^2,\rho)$，这时 T 的分布函数为

$$\begin{aligned}F_T(t)&=P(T\leqslant t)=P(y(t,\beta_1,\beta_2)\geqslant y_c)\\&=\iint\limits_{y(t)\geqslant y_c}f(\beta_1,\beta_2;\mu_1,\mu_2,\sigma_1^2,\sigma_2^2,\rho)d\beta_1 d\beta_2\end{aligned}$$

其中 f 为二元正态分布密度函数。为了进行数值积分，要把上述二重积分化为累次积分，这可借用给定 β_1 下，β_2 的条件分布 $N(\mu_{2|1},\sigma_{2|1}^2)$进行，其中

$$\mu_{2|1}=\mu_2+\rho\sigma_2\left(\frac{\beta_1-\mu_1}{\sigma_1}\right),\quad \sigma_{2|1}^2=\sigma_2^2(1-\rho^2)$$

另外，再由等式 $y(t)=y_c$ 解出$\beta_2=g(y_c,t,\beta_1)$，并由 $y(t)\geqslant y_c$ 确定β_2 的取值范围。这里为确定起见，设 β_2 的取值范围为$(-\infty,g(y_c,t,\beta_1))$，若 β_1 与 $\beta_2|\beta_1$的密度函数为 $f(\beta_1)$与 $f(\beta_2|\beta_1)$，则分布函数 $F_T(t)$可改写为

$$F_T(t)=\int_{-\infty}^{+\infty}f(\beta_1)\left[\int_{-\infty}^{g(y_c,t,\beta_1)}f(\beta_2|\beta_1)d\beta_2\right]d\beta_1$$

$$=\int_{-\infty}^{+\infty}\Phi\left(\frac{g(y_c,t,\beta_1)-\mu_{2|1}}{\sigma_{2|1}}\right)\frac{1}{\sigma_1}\varphi\left(\frac{\beta_1-\mu_1}{\sigma_1}\right)d\beta_1$$

这一方法原则上可推广到多于两个连续变量的场合，但用于多重积分的计算次数将随着积分维数增加而呈指数型增加，这在很多场合是不可行的。

对金属疲劳裂缝数据和模型（见例 1.3.1），用最大似然法获得二维正态分布中各参数的估计（见例 2.2.1），再利用数值积分可计算该金属疲劳寿命 T 的分布函数 $F_T(t)$ 的估计值 $\hat{F}_T(t)$，计算是对每个 t 进行的，在若干个 t 上得到的 $\hat{F}_T(t)$ 可连成一条上升曲线 $\hat{F}_T(t)$。最后的结果如图 2.4.3 所示。图 2.4.3上所示的置信带将在下一节讨论。

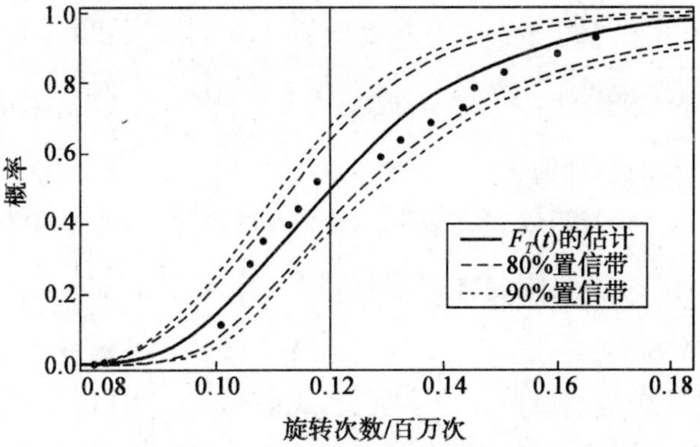

图 2.4.3　金属疲劳（裂缝）寿命的分布函数估计 $\hat{F}_T(t)$ 及其 80% 和 90% 的置信带

2.4.3　$F_T(t)$的蒙特卡罗解

为了避免上述多重积分计算可能带来的困难，可以采用随机模拟方法，具体如下。在退化模型中，假定随机参数 $(\beta_1,\cdots,\beta_k)$ 服从多元正态分布 $N(\mu_\beta,\Sigma_\beta)$，可用蒙特卡罗方法获得 $F(t)$ 的估计。具体步骤如下：

1）对多元正态分布的均值向量 μ_β 和方差一协方差阵 Σ_β 给出最大似然估计 $\hat{\mu}_\beta$ 和 $\hat{\Sigma}_\beta$；

2）由多元正态分布 $N(\hat{\mu}_\beta,\hat{\Sigma}_\beta)$ 产生一个样本 $(\hat{\beta}_1,\cdots,\hat{\beta}_k)$，并把它代入退化轨道 $y(t;\hat{\beta}_1,\cdots,\hat{\beta}_k)$，然后计算首次达到 y_c 的时间；

3）重复步骤（2）N 次，譬如 $N=100000$，可得 N 个首次达到 y_c 的时间；

4）对每一个给定的时间 t，计算如下频率作为 $F_T(t)$ 的估计值：

$$\hat{F}_T(t)\approx\frac{\text{“首次达到 } y_c \text{ 的时间}\leqslant t\text{”的个数}}{N}$$

这种蒙特卡罗近似方法引起的误差可用二项分布来评估，如在给定的 t 处，蒙特卡罗近似的误差的标准差是 $\sqrt{\hat{F}_T(t)[1-\hat{F}_T(t)]/N}$，如 $N=100000$，$F(t)=0.01$，则蒙特卡罗近似的误差的标准差是 0.0003。

2.4.4 $F_T(t)$ 的 Bootstrap 置信区间

由于不存在简单方法去估计 $\hat{F}_T(t)$ 的标准差，这时可选用 Bootstrap 方法作出 $F(t)$ 的置信区间。具体操作如下：

1)利用 n 条样本轨道数据计算参数估计值 $\hat{\theta}$ 和 $\hat{\sigma}_\varepsilon$，其中 $\theta=(\alpha,\beta)$。

2)利用数值积分法（§2.4.2）或蒙特卡罗法（§2.4.3），由估计值 $\hat{\theta}$ 计算在 t 时刻 $F_T(t)$ 的估计值 $\hat{F}_T(t)$。

3)产生一个较大的数 B，譬如 $B=4000$，B 将是 Bootstrap 抽取的样本个数，其中每个样本就像原始样本那样，用来作出 $F(t)$ 的估计 $\hat{F}^*(t)$，具体如下：

①由 $\hat{\theta}$ 产生轨道参数的 n 个实现值：$\beta_{1i}^*,\cdots,\hat{\beta}_{ki}^*(i=1,2,\cdots,m)$；

②由正态总体 $N(0,\hat{\sigma}_\varepsilon^2)$ 产生一组残差 ε_{ij}^*，并令

$$y_{ij}^*=D(t_{ij},\beta_{1i}^*,\cdots,\hat{\beta}_{ki}^*)+\varepsilon_{ij}^*\quad(i=1,2,\cdots,m;j=1,2,\cdots,n_i)$$

其中 t_{ij} 与 n_i 和原始样本相同；

③利用上述 n 条模拟轨道给出轨道模型中的参数估计 $\hat{\theta}^*$；

④利用数值积分法（§2.4.2）或蒙特卡罗法（§2.4.3），作出时刻 t 的 $F_T(t)$ 的 Bootstrap 估计 $\hat{F}_T^*(t)$。

4)对每时刻 t 作出 $F_T(t)$ 的 Bootstrap 置信区间，具体如下：

①把在(3)中获得的 B 个 $F(t)$ 的估计值 $\hat{F}^*(t)_b$，$b=1,2,\cdots,B$，按从小到大排列成 $\hat{F}^*(t)_1\leqslant\hat{F}^*(t)_2\leqslant\cdots\leqslant\hat{F}^*(t)_B$，这里 t 给定；

②根据 Efron 和 Tibshirani[38] 的建议，分布函数 $F(t)$ 的近似 $1-\alpha$ 的置信区间为

$$[F_L(t),F_U(t)]=[\hat{F}^*(t)_l,\hat{F}^*(t)_u]$$

其中

$$l=B\Phi[2\Phi^{-1}(q)+\Phi^{-1}(\alpha/2)],\quad u=B\Phi[2\Phi^{-1}(q)+\Phi^{-1}(1-\alpha/2)]$$

q 是 B 个 $\hat{F}^*(t)$ 值中小于 $\hat{F}(t)$ 的比例，常取 $q=0.5$，$\Phi^{-1}(q)=u_q$ 是标准正态分布的 q 分位数。若取 $q=0.5$，则 $u_{0.5}=0$，于是 $l=B\alpha/2$，$u=B(1-\alpha/2)$。

在金属裂缝数据的例子中，利用 Bootstrap 方法可以获得 $F(t)$ 的 80% 和 90% 的置信区间，具体见图 2.4.3。

2.4.5 近似的退化分析

若在一般的退化模型(2.2.1)中，把其含有的 k 个参数 $\beta_1,\cdots,\beta_k$ 全看作固定参数，不去区分其中哪些是随机参数，更不设置其分布，这时在退化轨道较为简单，测量误差较小场合，可用线性或非线性最小二乘法去拟合每条退化轨道来处理数据，这种方法有人称之为"近似退化分析"，具体的近似退化分析可分以下几步进行：

1)对第 i 个产品，利用轨道模型 $z_{ij}=y_{ij}+\varepsilon_{ij}$ 和样本轨道数据 $(t_{i1},z_{i1}),\cdots,(t_{in_i},z_{in_i})$ 去寻找第 i 条退化轨道参数 $\beta_{(i)}=(\beta_{1i},\cdots,\beta_{ki})$ 的估计 $\hat{\beta}_{(i)}$ 这可以利用线性或非线性最小二乘估计；

2)解方程 $y(t,\hat{\beta}_i)=y_c$，记解为 $\hat{t}_i$，即第 i 个产品首次达到失效水平的时刻，对在截尾时间 t_c 尚无失效的产品来说，也一样处理，此种 $\hat{t}_i$ 都称为"伪失效时间"；

3)对样本中每个产品重复上述方法，可得伪失效时间 $\hat{t}_1,\cdots,\hat{t}_m$；

4)利用估计值 $\hat{t}_1,\cdots,\hat{t}_m$ 作出 $F_T(t)$ 的估计。

譬如，若设 $y(t)=\beta_1+\beta_2 t$，或者对退化数据 z 或时间 t 经过对数变换后作如此假定，在这种场合，模型中参数 β_{1i} 和 β_{2i} 的最小二乘估计为：

$$\hat{\beta}_{1i}=\bar{z}_i-\hat{\beta}_{2i}\bar{t}_i,\quad \hat{\beta}_{2i}=\frac{\sum_{j=1}^{n_i}(t_{ij}-\bar{t}_i)y_{ij}}{\sum_{j=1}^{n_i}(t_{ij}-\bar{t}_i)^2}$$

其中 $\bar{t}_i$ 是 $t_{i1},\cdots,t_{in_i}$ 的均值，$\bar{z}_i$ 是 $z_{i1},\cdots,z_{in_i}$ 的均值，这时伪失效时间可用下式得到：

$$\hat{t}_i=(y_c-\hat{\beta}_{1i})/\hat{\beta}_{2i}\quad(i=1,2,\cdots,m)$$

上述近似退化分析对简单问题是有吸引力的，因为计算相当简单，但对非线性退化轨道来说，此种近似方法很少是有效的，使用上述近似退化分析的前提有如下几条：

① 退化轨道相对简单；

② 所拟合的轨道是较为正确的；

③ 有足够的数据可用于作出 β_i 值的精确估计；

④ 测量误差较小；

⑤ 对预测的伪失效时间 $\hat{t}_i$ 没有其他的解释。

这种近似退化分析方法是存在一些潜伏的问题，如：

● 这个方法忽略了预测误差（在 $\hat{t}_i$ 中），没有把测量误差引入到所考察的样本轨道中去；

● 用“伪失效时间”所拟合的分布一般不能与退化数据和退化模型给出的分布相一致；

● 在某些应用中，有些样本轨道较短，以致所含信息不足，致使难以得到轨道参数的准确估计，有时还会遇到不同轨道要用不同模型去拟合，从而伪失效时间就很难解释。

例 2.4.5 考察某些激光设备的寿命。其退化原因是输出光源减弱。这些激光设备含有反馈功能，当激光退化时，用增加操作中的电流保持输出光源近似不变，当操作电流过高时设备会突然失效（见图 2.4.4）。这种突然失效常常是由于产品设计制造和使用不当引起的，只要注意这些方面，突然失效可以避免。

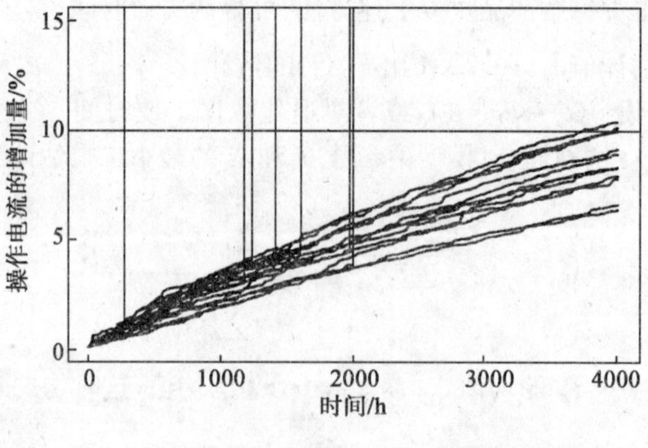

图 2.4.4 GaAs 激光设备试验（80℃）电流增加的百分率

现有 15 台 GaAs 激光设备在 80℃下进行退化试验，当增加电流达到原电流的 10%时就认为失效，在 $t=0$ 时所有增加电流的百分率为 0，这表明 15 台设备在开始试验时均属正常，以后每隔 250h 记录电流增加的百分率，直到 4000h 为止，全部数据记录在表 2.4.1 中，其退化轨道如图 2.4.5 所示。

表 2.4.1　GaAs 激光设备试验(80℃)电流增加的百分率

时间/h	产品号														
	1	2	3	4	5	6	7	8	9	10	11	12	13	14	15
250	0.47	0.71	0.71	0.36	0.27	0.36	0.36	0.46	0.51	0.41	0.44	0.39	0.30	0.44	0.51
500	0.93	1.22	1.17	0.62	0.61	1.39	0.92	1.07	0.93	1.49	1.00	0.80	0.74	0.70	0.83
750	2.11	1.90	1.73	1.36	1.11	1.95	1.21	1.42	1.57	2.38	1.57	1.35	1.52	1.05	1.29
1000	2.72	2.30	1.99	1.95	1.77	2.86	1.46	1.77	1.96	3.00	1.96	1.74	1.85	1.35	1.52
1250	3.51	2.87	2.53	2.30	2.06	3.46	1.93	2.11	2.59	3.84	2.51	2.98	2.39	1.80	1.91
1500	4.34	3.75	2.97	2.95	2.58	3.81	2.39	2.40	3.29	4.50	2.84	3.59	2.95	2.55	2.27
1750	4.91	4.42	3.30	3.39	2.99	4.53	2.68	2.78	3.61	5.25	3.47	4.03	3.51	2.83	2.78
2000	5.48	4.99	3.94	3.79	3.38	5.35	2.94	3.02	4.00	6.26	4.01	4.44	3.92	3.39	3.42
2250	5.99	5.51	4.16	4.11	4.05	5.92	3.42	3.29	4.60	7.05	4.51	4.79	5.03	3.72	3.78
2500	6.72	6.07	4.45	4.50	4.63	6.71	4.09	3.75	4.91	7.80	4.80	5.22	5.47	4.09	4.11
2750	7.13	6.64	4.89	4.72	5.24	7.70	4.58	4.16	5.34	8.32	5.20	5.48	5.84	4.83	4.38
3000	8.00	7.16	5.27	4.98	5.62	8.61	4.84	4.76	5.84	8.93	5.66	5.96	6.50	5.41	4.63
3250	8.92	7.78	5.69	5.28	6.04	9.15	5.11	5.16	6.40	9.55	6.20	6.23	6.94	5.76	5.38
3500	9.49	8.42	6.02	5.61	6.32	9.95	5.57	5.46	6.84	10.4	6.54	6.99	7.39	6.14	5.84
3750	9.87	8.91	6.45	5.95	7.10	10.4	6.11	5.81	7.20	11.2	6.96	7.37	7.85	6.51	6.16
4000	10.94	9.28	6.88	6.14	7.59	11.0	7.17	6.24	7.88	12.2	7.42	7.88	8.09	6.88	6.62

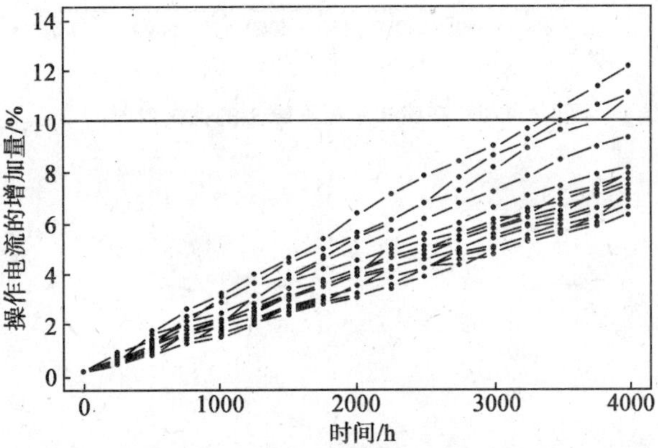

图 2.4.5　GaAs 激光设备试验数据的退化轨道

对这些轨道数据可用通过原点的线性轨道函数去拟合，即 $y(t)=\beta_2 t$，运用最小二乘法可得

$$\hat{\beta}_{2i}=\frac{\sum_{j=1}^{m_i} t_{ij} z_{ij}}{\sum_{j=1}^{m_i} t_{ij}^2},\quad \hat{t}_i=\frac{y_c}{\hat{\beta}_{2i}}\quad (i=1,2,\cdots,n)$$

这里 $y_c=10\%$，最后算得 15 个伪失效时间分别为：

3707	4173	5621	5983	5433	3613	6143	6415
5067	3308	5628	4949	4780	5820	6121	

若把它们点在威布尔概率纸上，它们落在一条直线附近(见图 2.4.6)，因此可近似认为伪失效时间服从威布尔分布，其形状参数为 6.60，尺度参数为 5483，平均寿命为 5113h。图 2.4.6 在威布尔概率纸上还作出了 $F(t)$ 的近似 95%的置信带。

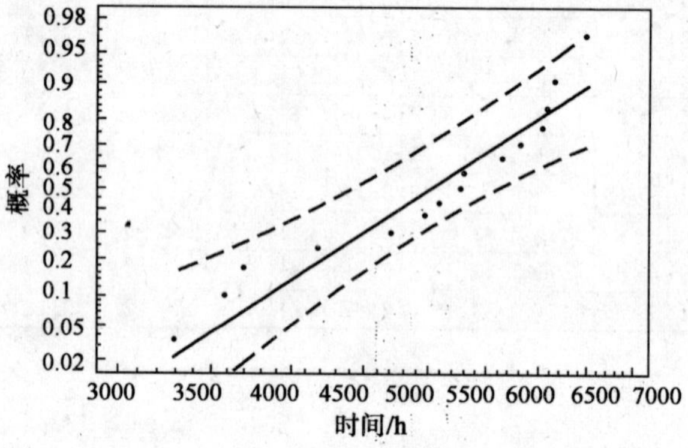

图 2.4.6 在威布尔概率纸上的伪失效时间

第三章 线性退化模型的参数估计

本章讨论使用非破坏性连续测量的退化数据，用最小二乘法求随机参数或混合参数线性退化模型的参数估计，即求参数的 LSE，并讨论有关的大样本性质。

§3.1 平衡数据结构的随机系数线性模型

退化数据的平衡结构是指，在非破坏性测量情况下，对每个样品的测量次数相等，而且测量时点也都相同，这是在实际问题中经常碰到的情况。

该产品的退化量为

$$X(t)=[y(t)]'\beta, \tag{3.1.1}$$

其中 $y(t)=(y_1(t),\cdots,y_q(t))'$，$y_l(t)(l=1,2,\cdots,q)$是 t 的已知函数，β 是 $q\times 1$ 的随机向量，且 $E(\beta)=b$，$Cov(\beta)=\sum$，这里(3.1.1)所给出的轨道，关于 t 可以是非线性函数，但关于随机系数 β 却是线性的。

现对 m 个样品在 n 个给定的时点 $t_1<\cdots<t_n$ 分别进行测量，取得如下退化数据：

$$z_{ij}=[y(t_j)]'\beta_i+\varepsilon_{ij} \quad (i=1,2,\cdots,m;j=1,2,\cdots,n) \tag{3.1.2}$$

这里 i 是产品号，j 是测量序号，又设

$$\begin{cases}\{\beta_i\}\overset{iid}{\sim}(b,\sum)\\ \{\varepsilon_{ij}\}\overset{iid}{\sim}(0,\sigma^2)\end{cases} \tag{3.1.3}$$

其中$\{\beta_i\}$与$\{\varepsilon_{ij}\}$独立，β_i 是第 i 个样品所对应的随机参数向量，ε_{ij} 是第 i 个样品在第 j 次测量的测量误差，$E(\varepsilon_{ij})=0$，$Var(\varepsilon_{ij})=\sigma^2$。若记

$$z_i=\begin{bmatrix} z_{i1} \\ \vdots \\ z_{in} \end{bmatrix}, \quad X=\begin{bmatrix} y_1(t_1) & \cdots & y_q(t_1) \\ \vdots & \ddots & \vdots \\ y_1(t_n) & \cdots & y_q(t_n) \end{bmatrix}, \quad \beta_i=\begin{bmatrix} \beta_{i1} \\ \vdots \\ \beta_{iq} \end{bmatrix}, \quad \varepsilon_i=\begin{bmatrix} \varepsilon_{i1} \\ \vdots \\ \varepsilon_{in} \end{bmatrix}$$

则式(3.1.2)和式(3.1.3)可写成以下形式

$$\begin{cases} z_i=X\beta_i+\varepsilon_i \quad (i=1,2,\cdots,m) \\ \{\beta_i\}\overset{iid}{\sim}(b,\Sigma), \quad \{\varepsilon_i\}\overset{iid}{\sim}(0,\sigma^2 I_n) \\ \{\beta_i\}\text{与}\{e_{ij}\}\text{相互独立} \end{cases} \tag{3.1.4}$$

对于形如(3.1.4)式的随机系数线性模型，C. R. Rao(1965)在分析增长曲线模型时曾对此做过研究，并给出未知参数 b，Σ 和 σ^2 的最小二乘估计(LSE)，考虑到模型(3.1.4)是分析退化数据时经常用到的一个基本模型，因此仍将有关结果作一简略介绍，归结为以下定理。

定理 3.1.1 对于模型(3.1.4)，若 $Rank(X)=q$，则 b，σ^2 和 Σ 分别有以下无偏估计

$$\hat{b}=(X'X)^{-1}X'\bar{z} \tag{3.1.5}$$

$$\hat{\sigma}^2=\frac{1}{m(n-q)}\sum_{i=1}^{m} z_i'[I_n-X(X'X)^{-1}X']z_i \tag{3.1.6}$$

$$\hat{\Sigma}=(X'X)^{-1}X'GX(X'X)^{-1}-\hat{\sigma}^2(X'X)^{-1} \tag{3.1.7}$$

其中

$$\bar{z}=\sum_{i=1}^{m}\frac{z_i}{m}, \quad G=\sum_{i=1}^{m}\frac{(z_i-\bar{z})(z_i-\bar{z})'}{m-1}$$

由式(3.1.5)还可求得

$$\mathrm{Cov}(\hat{b})=\frac{\Sigma+\sigma^2(X'X)^{-1}}{m} \tag{3.1.8}$$

例 3.1.1 考察某产品(如药品等)性能指标 $y(t)$ 随着时间 t 的延长而按递减方式在作线性退化，即

$$y(t)=\beta_1+\beta_2 t \tag{3.1.9}$$

其中 β_1 表示退化指标的初始值，β_2 表示退化速率，由于受生产过程各种随机因素的影响，不同批次的产品的退化情况有差异，故对不同生产批次而言，β_1 与 β_2 都是随机参数。因这里只讨论下降退化，故要求 $P(\beta_2<0)=1$。

若记 $\beta=(\beta_1,\beta_2)'$，它的前二阶矩存在，设为

$$E(\beta)=b=\begin{bmatrix} b_1 \\ b_2 \end{bmatrix}, \quad \mathrm{Var}(\beta)=\Sigma=\begin{bmatrix} \sigma_1^2 & \rho\sigma_1\sigma_2 \\ \rho\sigma_1\sigma_2 & \sigma_2^2 \end{bmatrix} \tag{3.1.10}$$

其中σ_1^2,σ_2^2分别为β_1,β_2的方差，ρ为其相关系数。为了估计这些未知参数，特从m批产品中分别各随机抽取一个样品参加退化试验。然后对这m个样品分别在n个时间点$t_1<t_2<\cdots<t_n$处测量其性能退化量。设z_{ij}为第i个样品在t_j处测得的退化量，则有

$$z_{ij}=\beta_{i1}+\beta_{i2}t_j+\varepsilon_{ij}\quad(i=1,\cdots,m;j=1,\cdots,n)\tag{3.1.11}$$

其中诸ε_{ij}为随机误差，设$\{\varepsilon_{ij}\}\sim(0,\sigma^2)$，但与$\beta$相互独立。
其中β_{i1}是第i批产品性能的初始值，β_{i2}是第i批产品的退化速率。若记

$$z_i=\begin{pmatrix}z_{i1}\\ \vdots\\ z_{in}\end{pmatrix},\quad X=\begin{pmatrix}1 & t_1\\ \vdots & \vdots\\ 1 & t_n\end{pmatrix},\quad \beta_i=\begin{pmatrix}\beta_{i1}\\ \beta_{i2}\end{pmatrix},\quad \varepsilon_i=\begin{pmatrix}\varepsilon_{i1}\\ \vdots\\ \varepsilon_{in}\end{pmatrix}\tag{3.1.12}$$

则上述诸项假设可归纳为如下随机系数线性模型

$$\begin{cases}z_i=X\beta_i+\varepsilon_i\quad(i=1,\cdots;m)\\ \beta_i\sim(b,\Sigma)\quad(i=1,\cdots,m\text{ 且相互独立})\\ \varepsilon_i\sim(0,\sigma^2 I_n)\quad(i=1,\cdots,m\text{ 且相互独立})\\ \beta_i\text{ 与 }\varepsilon_i\text{ 相互独立}\end{cases}\tag{3.1.13}$$

这就是模型(3.1.4)的特例，现按定理3.1.1来求b,σ^2和Σ的最小二乘估计。

1)随机参数β均值b的LSE

由(3.1.5)式知b的LSE为

$$\hat{b}=\begin{pmatrix}\hat{b}_1\\ \hat{b}_2\end{pmatrix}=(X'X)^{-1}X'\bar{z}$$

其中

$$\bar{z}=\frac{1}{m}\sum_{i=1}^{m}z_i=\frac{1}{m}\sum_{i=1}^{m}\begin{pmatrix}z_{i1}\\ \vdots\\ z_{in}\end{pmatrix}=\begin{pmatrix}\bar{z}_{\cdot 1}\\ \vdots\\ \bar{z}_{\cdot n}\end{pmatrix},\quad \bar{z}_{\cdot j}=\frac{1}{m}\sum_{i=1}^{m}z_{ij}$$

$$X'\bar{z}=\begin{pmatrix}\sum\bar{z}_{\cdot j}\\ \sum\bar{z}_{\cdot j}t_j\end{pmatrix}.$$

这里Σ表示$\sum_{j=1}^{n}$，以下同。进一步可得

$$X'X=\begin{pmatrix}n & \sum t_j\\ \sum t_j & \sum t_j^2\end{pmatrix},\quad (X'X)^{-1}=\frac{1}{\triangle}\begin{pmatrix}\sum t_j^2 & -\sum t_j\\ -\sum t_j & n\end{pmatrix}$$

其中

$$\triangle = n\sum t_j^2 - (\sum t_j)^2 = n\sum (t_j - \bar{t})^2 = nl_{tt}$$

由此可得 b 的 LSE

$$\hat{b} = \frac{1}{nl_{tt}}\begin{pmatrix}(\sum t_j^2)(\sum \bar{z}_{\cdot j}) - (\sum t_j)(\sum \bar{z}_{\cdot j}t_j) \\ n\sum \bar{z}_{\cdot j}t_j - (\sum t_j)(\sum \bar{z}_{\cdot j})\end{pmatrix}$$

上式第二个分量可改写为

$$\begin{aligned} nl_{tz\cdot} &= n\sum \bar{z}_{\cdot j}t_j - (\sum t_j)(\sum \bar{z}_{\cdot j}) \\ &= n\sum (t_j - \bar{t})(\bar{z}_{\cdot j} - \bar{z}_{\cdot\cdot}) \end{aligned}$$

其中 $\bar{z}_{\cdot\cdot} = \frac{1}{n}\sum \bar{z}_{\cdot j}$。而对上式第一个分量加入二项 $\pm\frac{1}{n}(\sum \bar{z}_{\cdot j})(\sum t_j)^2$ 后可得

$$\begin{aligned} \hat{b} &= \frac{1}{nl_{tt}}\begin{pmatrix}(\sum \bar{z}_{\cdot j})l_{tt} - (\sum t_j)l_{tz\cdot} \\ nl_{tz\cdot}\end{pmatrix} \\ &= \begin{pmatrix}\bar{z}_{\cdot\cdot} - \bar{t}l_{tz\cdot}/l_{tt} \\ l_{tz}/l_{tt}\end{pmatrix} = \begin{pmatrix}\bar{z}_{\cdot\cdot} - \bar{t}\hat{b}_2 \\ \hat{b}_2\end{pmatrix} \end{aligned}$$

其中

$$\hat{b}_2 = \frac{l_{tz}}{l_{tt}} = \frac{\sum (t_j - \bar{t})(\bar{z}_{\cdot j} - \bar{z}_{\cdot\cdot})}{\sum (t_j - \bar{t})^2}$$

$$\hat{b}_1 = \bar{z}_{\cdot\cdot} - \bar{t}\hat{b}_2$$

这个结果与一元线性回归模型中二个系数的 LSE 完全类同。

2)误差方差 σ^2 的估计

由(3.1.6)式知,σ^2 的无偏估计为

$$\begin{aligned} \hat{\sigma}^2 &= \frac{1}{m(n-2)}\sum_{i=1}^{m} z_i'[I_n - X(X'X)^{-1}X']z_i \\ &= \frac{1}{m(n-2)}\sum_{i=1}^{m} [(I_n - X(X'X)^{-1}X')z_i]'[(I_n - X(X'X)^{-1}X')z_i] \\ &= \frac{1}{m(n-2)}\sum_{i=1}^{m} (z_i - X\hat{b}_i)'(z_i - X\hat{b}_i) \end{aligned}$$

其中第二个等式成立是因为 $I_n - X(X'X)^{-1}X'$ 是幂等阵。第三个等式中记

$$\hat{b}_i = \begin{pmatrix}\hat{b}_{i1} \\ \hat{b}_{i2}\end{pmatrix}(X'X)^{-1}X'z_i \quad (i=1,\cdots,m)$$

它是仅用 i 个样品所测退化数据而形成的正规方程 $X'Xb=X'z_i$ 的解。

仿 1)的做法，b 的解为

$$\hat{b}_{i2}=\frac{l_{tz}}{l_{tt}}=\frac{\sum(t_j-\bar{t})(z_{ij}-\bar{z}_{i\cdot})}{\sum(t_j-\bar{t})}$$

$$\hat{b}_{i1}=\bar{z}_{i\cdot}-\bar{t}\,\hat{b}_{i2}$$

其中 $\bar{z}_{i\cdot}=\frac{1}{n}\sum z_{ij}\,(i=1,\cdots,m)$。若把上述估计代回 $\hat{\sigma}^2$ 表达式可得

$$\hat{\sigma}^2=\frac{1}{m(n-2)}\sum_{i=1}^{m}\sum_{j=1}^{n}[z_{ij}-(\hat{b}_{i1}+\hat{b}_{i2}t_j)]^2$$

可见，这里的 $\hat{\sigma}^2$ 不是别的，正是该线性模型的剩余(残差)平方和的平均值。

3)协方差阵 Σ 的无偏估计

由 $\hat{b}$ 的协方差阵(3.1.8)可得 Σ 的一个表达式

$$\Sigma=m\mathrm{Cov}(\hat{b})-\sigma^2(X'X)^{-1}$$

由此可设法获得 Σ 的无偏估计。首先可用 σ^2 的无偏估计(3.1.6)代替 σ^2。其次在考察 $\hat{b}$ 的协方差阵的展开式中

$$\begin{aligned}\mathrm{Cov}(\hat{b})&=\mathrm{Cov}((X'X)^{-1}X'\bar{z})\\&=(X'X)^{-1}X\mathrm{Cov}(\bar{z})X'(X'X)^{-1}\end{aligned}$$

由于诸 $z_1,\cdots,z_m$ 相互独立同分布，可将 $\mathrm{Cov}(\bar{z})$ 化简

$$\begin{aligned}\mathrm{Cov}(\bar{z})&=\mathrm{Cov}\left(\frac{1}{m}\sum_{i=1}^{m}z_i\right)=\frac{1}{m^2}\sum_{i=1}^{m}\mathrm{Cov}(z_i)\\&=\frac{1}{m}\mathrm{Cov}(z_i)\end{aligned}$$

最后用 $\mathrm{Cov}(z_i)$ 的无偏估计

$$G=\hat{\mathrm{Cov}}(z_i)=\sum_{i=1}^{m}\frac{(z_{i1}-\bar{z})(z_{i1}-\bar{z})'}{m-1}$$

综合上面几式即可得 Σ 的无偏估计(3.1.7)，即

$$\hat{\Sigma}=(X'X)^{-1}X'GX(X'X)^{-1}-\hat{\sigma}^2(X'X)^{-1}$$

这个估计可从原始的退化数据中直接算出，误差较小。

§3.2 非平衡数据结构的混合系数线性模型

3.2.1 模型

在许多实际问题中，往往会因为各种原因产生非平衡数据，即每个样品的测量次数和测量时点都可能不同，在退化模型中，除了有随机系数以外，往往还会出现固定系数。本节就考虑这种一般情况的线性模型及其参数估计。

设退化量为

$$y(t,\alpha,\beta)=[x(t)]'\alpha+[y(t)]'\beta \tag{3.2.1}$$

其中

$$x(t)=(x_1(t),\cdots,x_p(t))',\quad y(t)=(y_1(t),\cdots,y_q(t))'$$

$x_1(t),\cdots,x_p(t),y_1(t),\cdots,y_q(t)$都是 t 的已知函数，α 是 $p\times 1$ 的固定系数向量，β 是 $q\times 1$ 的随机系数向量，且 $E(\beta)=b$，$\mathrm{Cov}(\beta)=\Sigma$。

现对 m 个样品中第 i 个样品在 $t_{i1}<\cdots<t_{in_i}$ $(i=1,2,\cdots,m)$测得 n_i 个退化数据，故有

$$\begin{gathered}z_{ij}=[x(t_{ij})]'\alpha+[y(t_{ij})]'\beta_i+\varepsilon_{ij}\\(i=1,2,\cdots,m;j=1,2,\cdots,n_i;n_i>p+q)\end{gathered} \tag{3.2.2}$$

$\{\beta_i\}$和$\{\varepsilon_{ij}\}$的条件同(3.1.3)。若记

$$z_i=\begin{bmatrix}z_{i1}\\ \vdots\\ z_{in_i}\end{bmatrix},\quad X_i=\begin{bmatrix}x_1(t_{i1}) & \cdots & x_p(t_{i1})\\ \vdots & \ddots & \vdots\\ x_1(t_{in_i}) & \cdots & x_p(t_{in_i})\end{bmatrix}$$

$$\varepsilon_i=\begin{bmatrix}\varepsilon_{i1}\\ \vdots\\ \varepsilon_{in_i}\end{bmatrix},\quad Y_i=\begin{bmatrix}y_1(t_{i1}) & \cdots & y_q(t_{i1})\\ \vdots & \ddots & \vdots\\ y_1(t_{in_i}) & \cdots & y_q(t_{in_i})\end{bmatrix}$$

则可得

$$\begin{cases}z_i=X_i\alpha+Y_i\beta_i+\varepsilon_i\quad(i=1,2,\cdots,m)\\ \{\beta_i\}\overset{iid}{\sim}(b,\Sigma),\quad\{\varepsilon_i\}\overset{iid}{\sim}(0,\sigma^2 I_{n_i})\end{cases} \tag{3.2.3}$$

其中$\{\beta_i\}$与$\{\varepsilon_i\}$独立。这里 $p\geqslant 0,q>0$，当 $p=0$ 时固定系数 α 不存在，故(3.1.4)是(3.2.3)的一种特殊情况，这里还要求 $\mathrm{Rank}(X_i)=p,\mathrm{Rank}(Y_i)=q,\mathrm{Rank}(X_i,Y_i)=p+q$。下面分别求模型(3.2.3)中参数 a,b,σ^2 和 Σ 的 LSE。

3.2.2　参数向量 a 和 b 的估计

设 $C_i=(X_i,Y_i)$，$d=(a',b')'$，$e_i=Y_i(\beta_i-b)+\varepsilon_i$，即可将式(3.2.3)写成

$$\begin{cases} z_i=C_i d+e_i \quad (i=1,2,\cdots,m) \\ e_i \overset{iid}{\sim} (0, Y_i\Sigma Y_i'+\sigma^2 I_{n_i}) \end{cases} \tag{3.2.4}$$

设

$$z=(z_1',\cdots,z_m')'$$

$$e=(e_1',\cdots,e_m')'$$

$$\tilde{C}=(C_1',\cdots,C_m')'$$

$$\tilde{D}=\mathrm{diag}(D_1,\cdots,D_m)$$

其中 $D_i=Y_i\Sigma Y_i'+\sigma^2 I_{n_i}$，则可将式(3.2.4)改写成

$$\begin{cases} z=\tilde{C}d+e \\ e\sim(0,\tilde{D}) \end{cases} \tag{3.2.5}$$

定理 3.2.1　在上述假设下 d 的 LSE 为

$$\hat{d}=\left(\sum_{i=1}^{m}C_i'C_i\right)^{-1}\sum_{i=1}^{m}C_i'z_i \tag{3.2.6}$$

并且有

$$E(\hat{d})=d$$

$$\mathrm{Cov}(\hat{d})=\left(\sum_{i=1}^{m}C_i'C_i\right)^{-1}\left(\sum_{i=1}^{m}C_i'Y_i\Sigma Y_i'C_i\right)\left(\sum_{i=1}^{m}C_i'C_i\right)^{-1}+\sigma^2\left(\sum_{i=1}^{m}C_i'C_i\right)^{-1} \tag{3.2.7}$$

【证】　由式(3.2.5)可得 d 的 LSE 为

$$\hat{d}=(\tilde{C}'\tilde{C})^{-1}\tilde{C}'z$$

由于 $\tilde{C}'\tilde{C}=\sum_{i=1}^{m}C_i'C_i$，$\tilde{C}'z=\sum_{i=1}^{m}C_i'z_i$，故可得式(3.2.6)。$E(\hat{d})=d$ 是显然的。往证(3.2.7)。由 $z_1,\cdots,z_m$ 的独立性可得

$$\mathrm{Cov}(\hat{d})=\left(\sum_{i=1}^{m}C_i'C_i\right)^{-1}\left(\sum_{i=1}^{m}C_i'\mathrm{Cov}(z_i)C_i\right)\left(\sum_{i=1}^{m}C_i'C_i\right)^{-1}$$

将 $\mathrm{Cov}(z_i)=Y_i\Sigma Y_i'+\sigma^2 I_{n_i}$ 代入上式则可得式(3.2.7)。　　**证毕**

由式(3.2.4)也可仅用第 i 个样品的退化数据求得 d 的另一无偏估计，记为

$$\hat{d}_i = (C_i'C_i)^{-1}C_i'z_i \quad (i = 1,2,\cdots,m) \tag{3.2.8}$$

设$W_i = \left(\sum_{i=1}^m C_i'C_i\right)^{-1}(C_i'C_i)$，则由式(3.2.6)和式(3.2.8)可将$\hat{d}$表示成$\hat{d}_i$的矩阵加权平均形式

$$\hat{d} = \sum_{i=1}^m W_i\hat{d}_i$$

其中$W_i(i = 1,2,\cdots,m)$为权矩阵，且$\sum_{i=1}^m W_i = I_{p+q}$。由$\hat{d}$的以上形式还可考虑$d$的另一个无偏估计，即$d_i$的简单平均形式

$$\tilde{d} = \frac{1}{m}\sum_{i=1}^m \hat{d}_i \tag{3.2.9}$$

对于$\tilde{d}$有以下定理。

定理 3.2.2 设

$$\tilde{d} = (\tilde{a}',\tilde{b}')'$$
$$P_i = I_{n_i} - X_i(X_i'X_i)^{-1}X_i'$$
$$Q_i = I_{n_i} - Y_i(Y_i'Y_i)^{-1}Y_i'$$

则有

$$\tilde{a} = \sum_{i=1}^m \frac{(X_i'Q_iX_i)^{-1}X_i'Q_iz_i}{m} \tag{3.2.10}$$

$$\tilde{b} = \sum_{i=1}^m \frac{(Y_i'P_iY_i)^{-1}Y_i'P_iz_i}{m} \tag{3.2.11}$$

$$\mathrm{Cov}(\tilde{a}) = \frac{\sigma^2}{m^2}\sum_{i=1}^m (X_i'Q_iX_i)^{-1} \tag{3.2.12}$$

$$\mathrm{Cov}(\tilde{b}) = \frac{1}{m}\Sigma + \frac{\sigma^2}{m^2}\sum_{i=1}^m (Y_i'P_iY_i)^{-1} \tag{3.2.13}$$

【证】 将$\hat{d}_i$的正规方程$(C_i'C_i)\hat{d}_i = C_i'z_i$改写成以下形式

$$(X_i'X_i)\hat{a}_i + (X_i'Y_i)\hat{b}_i = X_i'z_i$$
$$(Y_i'X_i)\hat{a}_i + (Y_i'Y_i)\hat{b}_i = Y_i'z_i$$

由第二个方程解出

$$\hat{b}_i = (Y_i'Y_i)^{-1}Y_i'z_i - (Y_i'Y_i)^{-1}(Y_i'X_i)\hat{a}_i$$

代入第一个方程可得

$$X_i'Q_iX_i\hat{a}_i=X_i'Q_iz_i$$

故可得

$$\hat{a}_i=(X_i'Q_iX_i)^{-1}X_i'Q_iz_i \tag{3.2.14}$$

完全类似，由第一个方程解出 $\hat{a}_i$ 代入第二个方程则可求得

$$\hat{b}_i=(Y_i'P_iY_i)^{-1}Y_i'P_iz_i \tag{3.2.15}$$

由式(3.2.14)和式(3.2.15)分别可得式(3.2.10)和式(3.2.11)。

再利用投影阵 P_i 和 Q_i 性质，以及 $\mathrm{Cov}(z_i)=Y_i\sum Y_i'+\sigma^2I_{n_i}$，则可由式(3.2.14)和式(3.2.15)求得

$$\mathrm{Cov}(\hat{a}_i)=\sigma^2(X_i'Q_iX_i)^{-1} \tag{3.2.16}$$

$$\mathrm{Cov}(\hat{b}_i)=\sigma^2(Y_i'P_iY_i)^{-1}+\sum \tag{3.2.17}$$

由于 $z_i,\cdots,z_m$ 相互独立，故有

$$\mathrm{Cov}(\tilde{a})=\sum_{i=1}^{m}\frac{\mathrm{Cov}(\hat{a}_i)}{m^2}$$

$$\mathrm{Cov}(\tilde{b})=\sum_{i=1}^{m}\frac{\mathrm{Cov}(\hat{b}_i)}{m^2}$$

由式(3.2.16)和式(3.2.17)以及上两式，则可得式(3.2.12)和式(3.2.13)。　　**证毕**

定理 3.2.3　由式(3.2.9)给出的 $\tilde{d}$ 的协方差矩阵为

$$\mathrm{Cov}(\tilde{d})=\sum_{i=1}^{m}[(C_i'C_i)^{-1}C_i'Y_i\sum Y_i'C_i(C_i'C_i)^{-1}+\sigma^2(C_i'C_i)^{-1}]/m^2 \tag{3.2.18}$$

【证】　由式(3.2.8)容易得

$$\begin{aligned}\mathrm{Cov}(\hat{d}_i)&=(C_i'C_i)^{-1}C_i'(Y_i\sum Y_i'+\sigma^2I_{n_i})C_i(C_i'C_i)^{-1}\\&=(C_i'C_i)^{-1}C_i'Y_i\sum Y_i'C_i(C_i'C_i)^{-1}+\sigma^2(C_i'C_i)^{-1}\end{aligned}$$

再由 $z_1,\cdots,z_m$ 相互独立可得 $\mathrm{Cov}(\tilde{d})=\sum_{i=1}^{m}\mathrm{Cov}(\hat{d}_i)/m^2$，故可知式(3.2.18)成立。　　**证毕**

对于 $\hat{d}$，也可以求得其分量及其协方差矩阵，即有如下定理。

定理 3.2.4　设 $\hat{d}=(\hat{a}',\hat{b}')'$，则有

$$\hat{a}=A(\xi-C_{12}C_{22}^{-1}\zeta) \tag{3.2.19}$$

$$\hat{b}=B(\zeta-C_{21}C_{11}^{-1}\xi) \tag{3.2.20}$$

$$\mathrm{Cov}(\hat{a}) = AUA + \sigma^2 A \tag{3.2.21}$$

$$\mathrm{Cov}(\hat{b}) = BVB + \sigma^2 B \tag{3.2.22}$$

其中

$$C_{11} = \sum_{i=1}^{m} X_i' X_i, \qquad C_{22} = \sum_{i=1}^{m} Y_i' Y_i$$

$$C_{12} = \sum_{i=1}^{m} X_i' Y_i, \qquad C_{21} = \sum_{i=1}^{m} Y_i' X_i$$

$$\xi = \sum_{i=1}^{m} X_i' z_i, \qquad \zeta = \sum_{i=1}^{m} Y_i' z_i$$

$$A = (C_{11} - C_{12} C_{22}^{-1} C_{21})^{-1}$$

$$B = (C_{22} - C_{21} C_{11}^{-1} C_{12})^{-1}$$

$$U = \sum_{i=1}^{m} (X_i' - C_{12} C_{22}^{-1} Y_i') Y_i \sum Y_i' (X_i - Y_i C_{22}^{-1} C_{21})$$

$$V = \sum_{i=1}^{m} (Y_i' - C_{21} C_{11}^{-1} X_i') Y_i \sum Y_i' (Y_i - X_i C_{11}^{-1} C_{12})$$

【证】 由于

$$\widetilde{C}'\widetilde{C} = \sum_{i=1}^{m} C_i' C_i, \quad \widetilde{C}' z = \sum_{i=1}^{m} C_i' z_i$$

故可以将 $\hat{d}$ 的正规方程 $(\widetilde{C}'\widetilde{C})\hat{d} = \widetilde{C}' z$ 改写成以下形式

$$C_{11}\hat{a} + C_{12}\hat{b} = \xi$$

$$C_{21}\hat{a} + C_{22}\hat{b} = \zeta$$

先假定有关的逆矩阵都存在，则由第二个方程解出 $\hat{b}$ 代入第一个方程可得

$$C_{11}\hat{a} + C_{12}(C_{22}^{-1}\zeta - C_{22}^{-1} C_{21}\hat{a}) = \xi$$

同样，由第一个方程解出 $\hat{a}$ 代入第二个方程可得

$$C_{22}\hat{b} + C_{21}(C_{11}^{-1}\xi - C_{11}^{-1} C_{12}\hat{b}) = \zeta$$

由以上两式可得

$$(C_{11} - C_{12} C_{22}^{-1} C_{21})\hat{a} = \xi - C_{12} C_{22}^{-1}\zeta \tag{3.2.23}$$

$$(C_{22} - C_{21} C_{11}^{-1} C_{12})\hat{b} = \zeta - C_{21} C_{11}^{-1}\xi \tag{3.2.24}$$

实际上，这里的式(3.2.23)和式(3.2.24)分别是 $\hat{a}$ 和 $\hat{b}$ 的正规方程，由

此即可得式(3.2.19)和式(3.2.20)。往证式(3.2.21)和式(3.2.22)。

由于$\xi=\sum_{i=1}^{m}X'_iz_i$,$\zeta=\sum_{i=1}^{m}Y'_iz_i$,故有

$$\hat{a}=A\sum_{i=1}^{m}(X'_i-C_{12}C_{22}^{-1}Y'_i)z_i$$

$$\hat{b}=B\sum_{i=1}^{m}(Y'_i-C_{21}C_{11}^{-1}X'_i)z_i$$

$$\begin{aligned}\mathrm{Cov}(\hat{a})&=A\{\sum_{i=1}^{m}(X'_i-C_{12}C_{22}^{-1}Y'_i)(Y_i\Sigma Y'_i+\sigma^2I_{n_i})(X_i-Y_iC_{22}^{-1}C_{21})\}A\\&=AUA+\sigma^2A\{\sum_{i=1}^{m}(X'_i-C_{12}C_{22}^{-1}Y'_i)(X_i-Y_iC_{22}^{-1}C_{21})\}A\\&=AUA+\sigma^2A\{\sum_{i=1}^{m}(X'_iX_i+C_{12}C_{22}^{-1}Y'_iY_iC_{22}^{-1}C_{21}-X'_iY_iC_{22}^{-1}C_{21}-\\&\quad C_{12}C_{22}^{-1}Y'_iX_i)\}A\\&=AUA+\sigma^2A(C_{11}-C_{12}C_{12}^{-1}C_{21})A\\&=AUA+\sigma^2A\end{aligned}$$

$$\begin{aligned}\mathrm{Cov}(\hat{b})&=B\{\sum_{i=1}^{m}(Y'_i-C_{21}C_{11}^{-1}X'_i)(Y_i\Sigma Y'_i+\sigma^2I_{n_i})(Y_i-X_iC_{11}^{-1}C_{12})\}B\\&=BVB+\sigma^2B\{\sum_{i=1}^{m}(Y'_i-C_{21}C_{11}^{-1}X'_i)(Y_i-X_iC_{11}^{-1}C_{12})\}B\\&=BVB+\sigma^2B\{\sum_{i=1}^{m}(Y'_iY_i+C_{21}C_{11}^{-1}X'_iX_iC_{11}^{-1}C_{12}-Y'_iX_iC_{11}^{-1}C_{12}-\\&\quad C_{21}C_{11}^{-1}X'_iY_i)\}B\\&=BVB+\sigma^2B(C_{22}-C_{21}C_{11}^{-1}C_{12})B\\&=BVB+\sigma^2B\end{aligned}$$

最后补证有关逆矩阵的存在性。

设$\tilde{X}=(X'_1,\cdots,X'_m)'$,$\tilde{Y}=(Y'_1,\cdots,Y'_m)'$,则有$\tilde{C}=(\tilde{X},\tilde{Y})$,因此,

$$\tilde{C}'\tilde{C}=\begin{bmatrix}C_{11}&C_{12}\\C_{21}&C_{22}\end{bmatrix}=\begin{bmatrix}\tilde{X}'\tilde{X}&\tilde{X}'\tilde{Y}\\\tilde{Y}'\tilde{X}&\tilde{Y}'\tilde{Y}\end{bmatrix}$$

显然,$\mathrm{Rank}(\tilde{X})=p$,$\mathrm{Rank}(\tilde{Y})=q$,故$\tilde{X}'\tilde{X}$,$\tilde{Y}'\tilde{Y}$可逆,即$C_{11}$,$C_{22}$可逆。又由于

$$C_{11}-C_{12}C_{22}^{-1}C_{21}=\tilde{X}'(I_n-\tilde{Y}(\tilde{Y}'\tilde{Y})^{-1}\tilde{Y}')\tilde{X}$$

$$C_{22}-C_{21}C_{11}^{-1}C_{12}=\tilde{Y}'(I_n-\tilde{X}(\tilde{X}'\tilde{X})^{-1}\tilde{X}')\tilde{Y}$$

其中 $n=\sum_{i=1}^{m}n_i$，由于 $n_i\geqslant p+q$，故 $n>p+q$。

由于 $I_n-\widetilde{Y}(\widetilde{Y}'\widetilde{Y})^{-1}\widetilde{Y}'$ 是对称幂等阵，故它的秩为

$$tr\{I_n-\widetilde{Y}(\widetilde{Y}'\widetilde{Y})^{-1}\widetilde{Y}'\}=n-q$$

并且特征根非零即 1，所以存在正交方阵 Γ 使

$$C_{11}-C_{12}C_{22}^{-1}C_{21}=\widetilde{X}'\Gamma'\begin{pmatrix}I_{n-q} & 0\\ 0 & 0\end{pmatrix}\Gamma\widetilde{X}$$

由于 $\mathrm{Rank}(\Gamma\widetilde{X})=p$，且 $n-q>p$，故 $\mathrm{Rank}(C_{11}-C_{12}C_{22}^{-1}C_{21})=p$，即 $C_{11}-C_{12}C_{22}^{-1}C_{21}$ 可逆。类似可证 $C_{22}-C_{21}C_{11}^{-1}C_{12}$ 可逆。 **证毕**

利用定理 3.2.4 证明的最后一部分所引入的有关记号，可以重新表示 $\hat{a}$，$\hat{b}$ 及其协方差矩阵。

$$\hat{a}=(\widetilde{X}'\widetilde{Q}\widetilde{X})^{-1}\widetilde{X}'\widetilde{Q}z \tag{3.2.25}$$

$$\hat{b}=(\widetilde{Y}'\widetilde{P}\widetilde{Y})^{-1}\widetilde{Y}'\widetilde{P}z \tag{3.2.26}$$

$$\mathrm{Cov}(\hat{a})=(\widetilde{X}'\widetilde{Q}\widetilde{X})^{-1}\widetilde{X}'\widetilde{Q}M\widetilde{Q}\widetilde{X}(\widetilde{X}'\widetilde{Q}\widetilde{X})^{-1}+\sigma^2(\widetilde{X}'\widetilde{Q}\widetilde{X})^{-1} \tag{3.2.27}$$

$$\mathrm{Cov}(\hat{b})=(\widetilde{Y}'\widetilde{P}\widetilde{Y})^{-1}\widetilde{Y}'\widetilde{P}M\widetilde{P}\widetilde{Y}(\widetilde{Y}'\widetilde{P}\widetilde{Y})^{-1}+\sigma^2(\widetilde{Y}'\widetilde{P}\widetilde{Y})^{-1} \tag{3.2.28}$$

其中

$$\widetilde{P}=I_n-\widetilde{X}(\widetilde{X}'\widetilde{X})^{-1}\widetilde{X}'$$
$$\widetilde{Q}=I_n-\widetilde{Y}(\widetilde{Y}'\widetilde{Y})^{-1}\widetilde{Y}'$$
$$M=\mathrm{diag}(Y_1\sum Y_1',\cdots,Y_m\sum Y_m')$$

以上求得了参数 d 的两种估计 $\hat{d}$ 和 $\tilde{d}$，以及它们的分量 $\hat{a}$，$\hat{b}$，$\tilde{a}$，$\tilde{b}$ 和各自的协方差阵，显然，在平衡数据结构的情况下（见§3.2.4）两种估计相同。这里所给出的有关结果表明两者是有差别的，$\tilde{d}$ 是独立地提取 z_i 中关于 d 的信息，然后将这些信息的作用简单地叠加起来，而 $\hat{d}$ 是统一地综合 z_i 中关于 d 的信息对 d 作估计，这种差异在估计分量的协方差表达式中得到反映。由于 b 是不可观测的随机向量 β 的均值，因而 $\mathrm{Cov}(\hat{b})$ 和 $\mathrm{Cov}(\tilde{b})$ 不仅与 σ^2 有关，而且也与 Σ 有关，而 α 是固定参数，直观上会认为 α 的估计只会与 σ^2 有关而与 Σ 无关，然而，这种情况只出现在 $\mathrm{Cov}(\tilde{a})$ 中，而 $\mathrm{Cov}(\hat{a})$ 不仅与 σ^2 有关，也与 Σ 有关，因而 $\mathrm{Cov}(\tilde{a})$ 与 $\mathrm{Cov}(\hat{a})$ 在这方面的差异，正是反映了 $\hat{d}$ 与 $\tilde{d}$ 提取数据中信息的不同方式。直接严格地比较 $\hat{d}$ 与 $\tilde{d}$ 的优劣有一定的困

难，从直观上看 $\hat{d}$ 通过设计矩阵进行加权，使信息较多的样品数据在 $\hat{d}$ 中起较大的作用，因而 $\hat{d}$ 的效果应该比 $\tilde{d}$ 要好一些。但从实际计算上看，$\hat{d}$ 则比较方便。

3.2.3　误差方差 σ^2 与协方差Σ的估计

首先对单个样品的退化数据估计 σ^2。

定理 3.2.5　$\hat{\sigma}_i^2=\dfrac{R_i}{n_i-p-q}$是$\sigma^2$ 的无偏估计，其中 $R_i=(z_i-C_i\hat{d}_i)'(z_i-C_i\hat{d}_i)$。

【证】　首先易知 $R_i=z_i'(I_{n_i}-H_i)z_i$，其中 $H_i=C_i(C_i'C_i)^{-1}C_i'$，求 R_i 的数学期望

$$\begin{aligned}E(R_i)&=\mathrm{tr}\{(I_{n_i}-H_i)E(z_iz_i')\}\\&=\mathrm{tr}\{(I_{n_i}-H_i)(Y_i\Sigma Y_i'+\sigma^2I_{n_i}+C_idd'C_i')\}\\&=\mathrm{tr}\{(I_{n_i}-H_i)(Y_i\Sigma Y_i'+\sigma^2I_{n_i})\}\end{aligned}$$

设

$$\tilde{\Sigma}=\begin{pmatrix}0 & 0\\ 0 & \Sigma\end{pmatrix}$$

$\tilde{\Sigma}$是$(p+q)\times(p+q)$的对称矩阵，则 $Y_i\Sigma Y_i'=C_i\tilde{\Sigma}C_i'$，故有

$$\begin{aligned}E(R_i)&=\mathrm{tr}\{(I_{n_i}-H_i)(C_i\tilde{\Sigma}C_i'+\sigma^2I_{n_i})\}\\&=\sigma^2\,\mathrm{tr}(I_{n_i}-H_i)\\&=\sigma^2(n_i-p-q)\end{aligned}$$

所以 $\hat{\sigma}_i^2=\dfrac{R_i}{n_i-p-q}$是$\sigma^2$ 的无偏估计。　　　　**证毕**

由以上定理 3.2.5 易得 σ^2 的无偏估计

$$\hat{\sigma}^2=\sum_{i=1}^{m}\hat{\sigma}_i^2/m \tag{3.2.29}$$

定理 3.2.6　若记

$$\hat{\Sigma}=\sum_{i=1}^{m}\frac{S_i}{m-1}-\frac{\hat{\sigma}^2}{m}\sum_{i=1}^{m}(Y_i'P_iY_i)^{-1} \tag{3.2.30}$$

则$\hat{\Sigma}$ 是Σ的无偏估计，其中 $S_i=(\hat{b}_i-\tilde{b})(\hat{b}_i-\tilde{b})'$。

【证】 在 S_i 中插入 $\pm b$，可得

$$S_i=(\hat{b}_i-b)(\hat{b}_i-b)'+(\tilde{b}-b)(\tilde{b}-b)'-(\hat{b}_i-b)(\tilde{b}-b)'-(\tilde{b}-b)(\hat{b}_i-b)'$$

$$E\{(\hat{b}_i-b)(\hat{b}_i-b)'\}=\mathrm{Cov}(\hat{b}_i)$$

$$E\{(\tilde{b}-b)(\tilde{b}-b)'\}=\mathrm{Cov}(\tilde{b})=\sum_{i=1}^{m}\frac{\mathrm{Cov}(\hat{b}_i)}{m^2}$$

$$\begin{aligned}E\{(\hat{b}_i-b)(\tilde{b}-b)'\}&=E(\hat{b}_i\tilde{b}')-bb'\\&=E\left\{\frac{\hat{b}_i\sum_{i=1}^{m}\hat{b}_i'}{m}\right\}-bb'\\&=\frac{\mathrm{Cov}(\hat{b}_i)+mbb'}{m}-bb'\\&=\frac{\mathrm{Cov}(\hat{b}_i)}{m}\end{aligned}$$

$$E\{(\tilde{b}-b)(\hat{b}_i-b)'\}=\frac{\mathrm{Cov}(\hat{b}_i)}{m}$$

综上则有

$$\begin{aligned}E(S_i)&=\frac{m-2}{m}\mathrm{Cov}(\hat{b}_i)+\frac{1}{m^2}\sum_{i=1}^{m}\mathrm{Cov}(\hat{b}_i)\\&=\frac{m-1}{m}\Sigma+\left[\frac{m-2}{m}(Y_i'P_iY_i)^{-1}+\frac{1}{m^2}\sum_{i=1}^{m}(Y_i'P_iY_i)^{-1}\right]\sigma^2\end{aligned}$$

故有以下估计方程

$$\sum_{i=1}^{m}S_i=(m-1)\hat{\Sigma}+\frac{m-1}{m}\hat{\sigma}^2\sum_{i=1}^{m}(Y_i'P_iY_i)^{-1}$$

解之可得式(3.2.30)，由于 $E(\hat{\sigma}^2)=\sigma^2$，故 $E(\hat{\Sigma})=\Sigma$。 **证毕**

3.2.4 平衡数据结构下的结果

作为一种常见的特例，下面列出平衡数据结构下的有关结果，即这里设

$$n_1=n_2=\cdots=n_m\hat{=}n,\quad t_{1j}=t_{2j}=\cdots=t_{mj}\hat{=}t_j\quad(j=1,2,\cdots,n)$$

故此

$$X_1=X_2=\cdots=X_m\hat{=}X,\quad Y_1=Y_2=\cdots=Y_m\hat{=}Y$$

显然，$\hat{d}=\tilde{d}$。

设

$$C=(X,Y)$$
$$P=I_n-X(X'X)^{-1}X'$$
$$Q=I_n-Y(Y'Y)^{-1}Y'$$
$$H=C(C'C)^{-1}C'$$

则有

$$\hat{a}=(X'QX)^{-1}X'Q\bar{z} \tag{3.2.31}$$

$$\hat{b}=(Y'PY)^{-1}Y'P\bar{z} \tag{3.2.32}$$

$$\hat{d}=(C'C)^{-1}C'\bar{z} \tag{3.2.33}$$

$$\mathrm{Cov}(\hat{a})=\frac{\sigma^2}{m}(X'QX)^{-1} \tag{3.2.34}$$

$$\mathrm{Cov}(\hat{b})=\frac{\sigma^2}{m}(Y'PY)^{-1}+\frac{1}{m}\Sigma \tag{3.2.35}$$

$$\mathrm{Cov}(\hat{d})=\frac{\sigma^2}{m}(C'C)^{-1}+\frac{1}{m}\tilde{\Sigma} \tag{3.2.36}$$

$$\hat{\sigma}^2=\frac{1}{m(n-p-q)}\sum_{i=1}^{m}z_i'(I_n-H)z_i \tag{3.2.37}$$

$$\hat{\Sigma}=\frac{1}{m-1}(Y'PY)^{-1}Y'\left[\sum_{i=1}^{m}(z_i-\bar{z})(z_i-\bar{z})'\right]Y(Y'PY)^{-1}-\hat{\sigma}^2(Y'PY)^{-1} \tag{3.2.38}$$

§3.3　参数估计的大样本性质

本节讨论混合系数线性模型参数估计的相合性，为了简便，只考虑平衡数据结构的情况。对于普通的线性模型，参数估计的大样本理论已有相当丰富而深刻的结果，陈希孺等(1985)，成平等(1985)的专著，是这方面工作很好的系统总结。对于带有随机系数的线性模型，相对来讲不太引人注目，文献也不很多。S，Johansen(1982)，Swamy(1971)等曾在随机系数是多元正态且误差也是正态的情况下，讨论过部分参数估计的弱相合性等大样本性质。其实，对于一般的混合系数线性模型，在某些情况下可以利用普通线性模型参数估计的有关结果推出其参数估计的相合性，所需要的条件，在退化模型的应用场合也都能得到满足。下面首先列出普通线性模型的两个结论，有关记号在本节的其他部分不通用。根据一般大样本理论的通用记号，本节也在有关向量和矩阵加上下标 m 或 n，其中 m 是样品个数，n 是每个样品的测量次数。为了避免与某些带下标的分量混淆，在必要时对 m 或 n 加上括号。

设有线性模型 $Y_{(n)}=X_n\beta+e_{(n)}$，β 是 $p\times1$ 的常参数。

引理 3.3.1 记 $S_n=X_n'X_n$，$e_{(n)}=(e_1,\cdots,e_n)'$，$\hat{\beta}_n=(X_n'X_n)^{-1}X_n'Y_n$，若 $e_1,\cdots,e_n\overset{iid}{\sim}(0,\sigma^2)$，且 $\lim\limits_{n\to\infty}S_n^{-1}=0$，则有

$$\hat{\beta}_n\xrightarrow{a.s.}\beta\qquad(n\to\infty)$$

引理 3.3.2 记 $\hat{\sigma}_n^2=Y'_{(n)}(I_n-X_nS_n^{-1}X_n')Y_{(n)}$，若 $e_1,\cdots,e_n\overset{iid}{\sim}(0,\sigma^2)$，则有

$$\hat{\sigma}_n^2\xrightarrow{a.s.}\sigma^2\qquad(n\to\infty)$$

下面再证明一条引理：

引理 3.3.3 设 $C_n=(X_n,Y_n)$，且 C_n 列满秩，若

$$\lim_{n\to\infty}(C_n'C_n)^{-1}=0$$

则有

$$\lim_{n\to\infty}(X_n'Q_nX_n)^{-1}=0$$
$$\lim_{n\to\infty}(Y_n'P_nY_n)^{-1}=0$$

其中

$$Q_n=I_n-Y_n(Y_n'Y_n)^{-1}Y_n'$$
$$P_n=I_n-X_n(X_n'X_n)^{-1}X_n'$$

【证】 由条件可知 $X_n'X_n$，$Y_n'Y_n$ 和 $C_n'C_n$ 可逆，且有

$$C_n'C_n=\begin{pmatrix}X_n'X_n & X_n'Y_n\\ Y_n'X_n & Y_n'Y_n\end{pmatrix}$$

由于 $X_n'X_n$ 可逆，求分块逆矩阵可得

$$(C_n'C_n)^{-1}=\begin{bmatrix}X_n^{(11)} & X_n^{(12)}\\ X_n^{(21)} & X_n^{(22)}\end{bmatrix}$$

其中右下角子块 $X_n^{(22)}=(Y_n'P_nY_n)^{-1}$，由于 $Y_n'Y_n$ 可逆，求分块逆矩阵可得

$$(C_n'C_n)^{-1}=\begin{bmatrix}Y_n^{(11)} & Y_n^{(12)}\\ Y_n^{(21)} & Y_n^{(22)}\end{bmatrix}$$

其中左上角子块 $Y_n^{(11)}=(X_n'Q_nX_n)^{-1}$。

再由逆矩阵的唯一性可知

$$(C_n'C_n)^{-1}=\begin{pmatrix}(X_n'Q_nX_n)^{-1} & * \\ * & (Y_n'P_nY_n)^{-1}\end{pmatrix}$$

因为 $\lim\limits_{n\to\infty}(C_n'C_n)^{-1}=0$，故结论成立。 **证毕**

下面给出有关记号。对于第 i 个样品的退化数据，在平衡数据结构的情况下，由(3.2.4)可有

$$z_{i(n)}=C_n\mu_i+\varepsilon_{i(n)}$$

$$\varepsilon_{i(n)}\overset{iid}{\sim}(0,\sigma^2 I_n)\quad(i=1,2,\cdots,m)$$

其中 $C_n=(X_n,Y_n)$，$\mu_i=(\alpha',\beta_i')'$。

$$\hat{d}_{i(n)}=(C_n'C_n)^{-1}C_n'z_{i(n)}=\mu_i+(C_n'C_n)^{-1}C_n'\varepsilon_{i(n)}$$

$$E(\hat{d}_{i(n)}|\beta_i)=\mu_i,\qquad \mathrm{Cov}(\hat{d}_{i(n)}|\beta_i)=\sigma^2(C_n'C_n)^{-1}$$

$$E(\hat{d}_{i(n)})=d,\qquad \mathrm{Cov}(\hat{d}_{i(n)})=\sigma^2(C_n'C_n)^{-1}+\tilde{\Sigma}$$

$$\hat{d}_{(m,n)}=\sum_{i=1}^{m}\frac{\hat{d}_{i(n)}}{m}=\sum_{i=1}^{m}\frac{\mu_i}{m}+(C_n'C_n)^{-1}C_n'\sum_{i=1}^{m}\frac{\varepsilon_{i(n)}}{m}$$

$$E(\hat{d}_{(m,n)})=d$$

$$\mathrm{Cov}(\hat{d}_{(m,n)})=\frac{\sigma^2}{m}(C_n'C_n)^{-1}+\frac{1}{m}\tilde{\Sigma}$$

其中

$$d=(a',b')'$$

$$\tilde{\Sigma}=\begin{pmatrix}0 & 0\\ 0 & \Sigma\end{pmatrix}_{(p+q)\times(p+q)}$$

这里假定有以下重要条件

$$\lim_{n\to\infty}(C_n'C_n)^{-1}=0 \tag{3.3.1}$$

定理 3.3.4　若条件(3.3.1)成立，则有

$$\hat{d}_{i(n)}\xrightarrow{a.s.}\mu_i\quad(n\to\infty)$$

【证】　对于给定的样品，β_i 可以看成固定参数，直接利用引理 3.3.1 即可知结论成立。 **证毕**

由回归系数 LSE 的大样本理论可知，强相合性与均方相合性等价，故 $\hat{d}_{i(n)}$ 也是 μ_i 的均方相合估计，当然也是弱相合估计，对 $\tilde{d}_{i(n)}$ 的分量 $\hat{b}_{i(n)}$，是依分布收敛到 β_i。

定理 3.3.5 若条件(3.3.1)成立,则对任意固定的 n 有

$$\hat{d}_{(m,n)} \xrightarrow{a.s.} d \quad (m \to \infty)$$

【证】 由于

$$\hat{d}_{(m,n)} = \sum_{i=1}^{m} \frac{\mu_i}{m} + (C_n'C_n)^{-1}C_n' \sum_{i=1}^{m} \frac{\varepsilon_{i(n)}}{m}$$

其中第一项只与 m 有关,并且

$$\sum_{i=1}^{m} \frac{\mu_i}{m} = \begin{pmatrix} a \\ \sum_{i=1}^{m} \beta_i / m \end{pmatrix} \xrightarrow{a.s.} \begin{pmatrix} a \\ b \end{pmatrix} = d \quad (m \to \infty)$$

其中第二项,对给定的 n 有

$$\sum_{i=1}^{m} \frac{\varepsilon_{i(n)}}{m} \xrightarrow{a.s.} 0 \quad (m \to \infty)$$

证毕

由定理 3.3.5 不难看出,$\hat{d}_{(m,n)} = (\hat{a}'_{(m,n)}, \hat{b}'_{(m,n)})'$ 的两个分量,对任意固定的 m 有

$$\lim_{n\to\infty} \hat{a}_{(m,n)} \overset{a.s.}{=} a, \quad \lim_{n\to\infty} \hat{b}_{(m,n)} \overset{a.s.}{=} \frac{1}{m}\sum_{i=1}^{m} \beta_i$$

定理 3.3.6 若条件(3.3.1)成立,则 $\hat{d}_{(m,n)}$ 是 d 的均方相合估计。

【证】 由于

$$\mathrm{Cov}(\hat{d}_{(m,n)}) = \frac{\sigma^2}{m}(C_n'C_n)^{-1} + \frac{1}{m}\tilde{\Sigma}$$

在(3.3.1)成立的条件下,则有

$$\lim_{m\to\infty, n\to\infty} \mathrm{Cov}(\hat{d}_{(m,n)}) = 0$$

故结论成立。 **证毕**

与定理 3.3.5 完全类似,对固定的 n,在 $m \to \infty$ 时,$\hat{d}_{(m,n)}$ 即为 d 的均方相合估计,而对固定的 m 仅在 $n \to \infty$ 和(3.3.1)的条件下,由引理 3.3.3 可知,$\hat{a}_{(m,n)}$ 是 a 的均方相合估计,但 $\hat{b}_{(m,n)}$ 却不是 d 的均方相合估计。

设

$$\hat{\sigma}_{i(n)}^2 = \frac{(z_{i(n)} - C_n\hat{d}_{i(n)})'(z_{i(n)} - C_n\hat{d}_{i(n)})}{n-p-q}$$

$$\hat{\sigma}_{(m,n)}^2 = \sum_{i=1}^{m} \frac{\hat{\sigma}_{i(n)}^2}{m}$$

定理 3.3.7　对固定的 m 有

$$\hat{\sigma}^2_{(m,n)} \xrightarrow{a.s.} \sigma^2 \quad (n \to \infty)$$

对固定的 n 有

$$\hat{\sigma}^2_{(m,n)} \xrightarrow{a.s.} \sigma^2 \quad (m \to \infty)$$

【证】　由引理 3.3.2 可知，$\hat{\sigma}^2_{i(n)} \xrightarrow{a.s.} \sigma^2 (n \to \infty)$ 成立，故第一个结论成立。

不难看出，$\hat{\sigma}^2_{1(n)}, \cdots, \hat{\sigma}^2_{m(n)}$ 独立同分布，且 $E(\hat{\sigma}^2_{1(n)}) = \sigma^2$，故对固定的 n 有 $\lim_{m \to \infty} \hat{\sigma}^2_{(m,n)} \overset{a.s.}{=} \sigma^2$。　**证毕**

记

$$\hat{\Sigma}_{(m,n)} = \sum_{i=1}^{m} \frac{S_{i(n)}}{m-1} - \hat{\sigma}^2_{(m,n)} (Y'_n P_n Y_n)^{-1} \tag{3.3.2}$$

其中

$$S_{i(n)} = (\hat{b}_{i(n)} - \hat{b}_{(m,n)})(\hat{b}_{i(n)} - \hat{b}_{(m,n)})'$$

$$\hat{b}_{i(n)} = (Y'_n P_n Y_n)^{-1} Y'_n P_n z_{i(n)}$$

$$\hat{b}_{(m,n)} = \sum_{i=1}^{m} \frac{\hat{b}_{i(n)}}{m}$$

定理 3.3.8　对于任意固定的 n 有

$$\hat{\Sigma}_{(m,n)} \xrightarrow{a.s.} \Sigma \quad (m \to \infty)$$

【证】　由于 $\hat{b}_{1(n)}, \cdots, \hat{b}_{m(n)}$ 独立同分布，并且

$$\mathrm{Cov}(\hat{b}_{i(n)}) = \Sigma + \sigma^2 (Y'_n P_n Y_n)^{-1}$$

则由样本协方差阵的强相合性可得，对任意固定 n 有

$$\sum_{i=1}^{m} \frac{S_{i(n)}}{m} \xrightarrow{a.s.} \Sigma + \sigma^2 (Y'_n P_n Y_n)^{-1} \quad (m \to \infty)$$

再由 $\hat{\sigma}^2_{(m,n)}$ 的强相合性（定理 3.3.7），则有

$$\hat{\Sigma}_{(m,n)} \xrightarrow{a.s.} \Sigma \quad (m \to \infty)$$

故可知结论成立。

由于 $\hat{b}_{i(n)} \xrightarrow{a.s.} \beta_i (n \to \infty)$，则 m 固定时由引理 3.3.3 可知

$$\hat{\Sigma}_{(m,n)} \xrightarrow{a.s.} \sum_{i=1}^{m} \frac{(\beta_i - \bar{\beta})(\beta_i - \bar{\beta})'}{m-1} \quad (n \to \infty)$$

其中 $\bar{\beta} = \sum_{i=1}^{m} \beta_i / m$。

由以上定理 3.3.5～定理 3.3.8 可知，当设计矩阵满足一定的条件时，只要样品数 $m\to\infty$，$\hat{d}_{(m,n)}$ 和 $\hat{\Sigma}_{(m,n)}$ 是强相合估计，而且 $\hat{d}_{(m,n)}$ 还是均方相合估计，但仅当测量次数 $n\to\infty$ 时，$\hat{d}_{(m,n)}$ 和 $\hat{\Sigma}_{(m,n)}$ 都不具有强相合性。至于 $\hat{\sigma}^2_{(m,n)}$，甚至可以对设计阵不作有关假定，只要 $m\to\infty$ 或 $n\to\infty$ 即可保证强相合性。由此可见，本节所考虑的退化模型的参数估计，具有比较好的大样本性质，有关设计阵的要求是相当弱的，在实际应用中的绝大多数情况，都能达到有关要求。

§3.4 破坏性测量数据的处理

3.4.1 背景与模型

前几节所讨论的是用非破坏性连续测量退化数据估计模型参数的问题，在许多实际问题中，退化量的测量是破坏性的，即样品在接受一次测量以后便无法继续参加实验。例如某种绝缘材料的寿命是很长的，新的绝缘材料在工作温度(150℃)下要有十几千伏(KV)电压才能击穿它，甚至更高一些，可随着时间延长，绝缘材料会老化，其击穿电压就要下降，当下降到能被 2KV 的电压击穿，才认为该材料失效。可见击穿电压是退化量。然而测量击穿电压是破坏性的，每次测量中，击穿了的绝缘材料就不能再参加试验了，因此为测量各时间上的击穿电压估计其寿命特征，就需要准备很多份绝缘材料，所测得的数据就是破坏性测量的退化数据。又例如分析罐头食品或饮料的货架寿命，要测量这些食品或饮料的某些随时间延长的变质指标，必须将样品罐头打开取样，所以被测量过的样品就无法再继续进行试验。还有许多火工品(如引信，雷管等)的储存寿命试验中，其性能随时间退化，但在测量退化量时也都具有破坏性。

在破坏性测量的场合，由于每个样品只能测量一次，其测量数据只能在一个时间点上提供退化信息，不能提供样品个体退化轨道的信息。为获得退化轨道信息，必须用多个“同类产品”在不同时间点上的退化数据连接起来才有可能。为了减少产品间差异对退化轨道的影响，应尽可能用同一批次产品，常常还用多个参试样品在同一时间点上测其退化数据，然后取其均值作代表参加数据处理。这样一来，为获得退化轨道不得不用更多产品投入退化试验。但也要看到如此获得的退化数据一般都是相互独立的。这一点对破坏性测量的退化数据处理是有益的。

在破坏性测量的场合,组织一次退化试验前要作精心的设计,以便后期数据处理减少麻烦,增加成功机会,此类设计的要点是:

● 确定测量的时间点,如选定 n 个时刻:$t_1<t_2<\cdots<t_n$。

● 在每时间点上确定投试样品数,一般希望每个时间点上投入相同样品数,譬如都投入 m 个样品,如此平衡状态设计不仅给统计分析带来方便,而且可使结果更为可信。

● 投试样品总数 $n\times m$ 要在同一批次产品中随机取出,按储存要求逐步投入测试。譬如,要在 80℃下测试退化数据,则取出的 $n\times m$ 个样品放在恒温(80℃)箱中储存。在 t_1 时刻从中随机取出 m 个进行测试,在 t_2 时刻再取出 m 个,直至在 t_n 时刻测试最后 m 个。

● 记录退化数据,记在 t_j 时刻测得的退化数据为

$$(z_{1j},z_{2j},\cdots,z_{mj})\quad(j=1,\cdots,n)$$

● 选择适当的退化轨道 $y(t,\alpha,\beta)$,其中 α 是固定参数(向量),β 为随机参数(向量)。由于参试样品只能测量一次,如今有 nm 个参试样品,故 β 有 nm 个取值,记为 $\beta_{ij}(i=1,\cdots,m;j=1,\cdots,n)$,若设 β 的概率分布为 $G(\beta;\lambda)$,则该 β_{ij} 可认为是来自该分布的一个样本,若设 ε_{ij} 为试验误差,则退化数据的统计模型为

$$\begin{cases}z_{ij}=y(t_i,\alpha,\beta_{ij})+\varepsilon_{ij}\quad(i=1,\cdots,m;j=1,\cdots,n)\\ \{\beta_{ij}\}\overset{iid}{\sim}G(\beta;\lambda),\ \{\varepsilon_{ij}\}\overset{iid}{\sim}(0,\sigma^2)\\ \{\beta_{ij}\}\text{与}\{\varepsilon_{ij}\}\text{相互独立}\end{cases}\tag{3.4.1}$$

其中 λ 是 β 的分布中的(未知)参数。当 β 的分布已知时,可用最大似然法获得诸未知参数 $\alpha,\beta_{ij},\lambda$ 的估计。而当 β 分布未知或难于确定时,常用最小二乘法获得 β 的前二阶矩

$$E(\beta_{ij})=b,\quad \mathrm{Cov}(\beta_{ij})=\Sigma$$

的最小二乘估计。

下面我们仅对随机截距模型和随机斜率模型场合寻求参数的最小二乘估计作出具体讨论,其他场合可类似进行。

3.4.2　随机截距模型中参数的 LSE

在破坏性测量场合,随机截距退化模型是

$$\begin{cases}z_{ij}=\beta_{ij}-\theta t_j+\varepsilon_{ij}\quad(i=1,\cdots,m;j=1,\cdots,n)\\ \beta_{ij}\overset{iid}{\sim}(b,\tau^2),\quad \varepsilon_{ij}\overset{iid}{\sim}(0,\sigma^2)\end{cases}\tag{3.4.2}$$

其中$\{\beta_{ij}\}$与$\{\varepsilon_{ij}\}$独立，斜率θ是固定参数。

为了获得b与θ的LSE，我们将上述模型转化为固定参数的线性模型，为此在式(3.4.2)中加入$\pm b$二项可得

$$z_{ij}=b-\theta t_j+u_{ij},\quad u_{ij}=\beta_{ij}-b+\varepsilon_{ij}$$

这样就把随机项都并入新误差项u_{ij}，且

$$E(u_{ij})=0,\quad \mathrm{Var}(u_{ij})=\tau^2+\sigma^2$$

再令

$$\bar{z}=(\bar{z}_{\cdot 1},\cdots,\bar{z}_{\cdot n})',\quad \bar{z}_{\cdot j}=\sum\nolimits_{i=1}^{m} z_{ij}/m$$

$$\bar{u}=(\bar{u}_{\cdot 1},\cdots,\bar{u}_{\cdot n})',\quad \bar{u}_{\cdot j}=\sum\nolimits_{i=1}^{m} u_{ij}/m$$

$$X=\begin{pmatrix}1,\cdots,1\\-t_1,\cdots,-t_n\end{pmatrix}',\quad \phi=\begin{pmatrix}b\\\theta\end{pmatrix}$$

则有

$$\begin{cases}\bar{z}=X\phi+\bar{u}\\E(\bar{u})=0\\\mathrm{Cov}(\bar{u})=\dfrac{\tau^2+\sigma^2}{m}I_n\end{cases}\tag{3.4.3}$$

由此可得ϕ的LSE

$$\begin{cases}\hat{\phi}\hat{=}\begin{bmatrix}\hat{b}\\\hat{\theta}\end{bmatrix}=(X'X)^{-1}X'\bar{z}\\E(\hat{\phi})=\phi\\\mathrm{Cov}(\hat{\phi})=(X'X)^{-1}\delta^2/m\end{cases}\tag{3.4.4}$$

这里$\delta^2=\tau^2+\sigma^2$，故有

$$\hat{\delta}^2=\frac{m}{n-2}\bar{z}'[I_n-X(X'X)^{-1}X']\bar{z}\tag{3.4.5}$$

这里遇到的困难就是无法分别获得σ^2与τ^2的估计。

由θ的LSE $\hat{\theta}$，可以获得β_{ij}的预测值

$$\begin{aligned}\hat{\beta}_{ij}&=z_{ij}+\hat{\theta}t_j\\&=\beta_{ij}+(\hat{\theta}-\theta)t_j+\varepsilon_{ij}\end{aligned}\tag{3.4.6}$$

其均值与方差可以算出

$$E(\hat{\beta}_{ij})=b$$

$$\mathrm{Var}(\hat{\beta}_{ij})=\tau^2+\sigma^2+t_j^2\mathrm{Var}(\hat{\theta})+2[t_j\mathrm{Cov}(\beta_{ij},\hat{\theta})+t_j\mathrm{Cov}(\varepsilon_{ij},\hat{\theta})] \tag{3.4.7}$$

为了获得上式中三个二阶矩，我们设

$$A=(X'X)^{-1}=\begin{pmatrix}a_{11} & a_{12}\\ a_{21} & a_{22}\end{pmatrix}$$

$$\xi=(0,1)'$$

故有

$$\hat{\theta}=\xi'\hat{\phi},\quad \mathrm{Var}(\hat{\theta})=\xi'\mathrm{Cov}(\hat{\phi})\xi$$

于是

$$\mathrm{Var}(\hat{\theta})=a_{22}(\tau^2+\sigma^2)/m \tag{3.4.8}$$

$$\begin{aligned}\mathrm{Cov}(\beta_{ij},\hat{\theta})&=\mathrm{Cov}(\beta_{ij},\xi'AX'\overline{z})\\&=\mathrm{Cov}(\beta_{ij},\xi'(\phi+AX'\overline{u}))\\&=\mathrm{Cov}(\beta_{ij},\xi'AX'\overline{u})\end{aligned}$$

设

$$\overline{\beta}=(\overline{\beta}._1,\cdots,\overline{\beta}._n)',\quad \overline{\varepsilon}=(\overline{\varepsilon}._1,\cdots,\overline{\varepsilon}._n)'$$

$$\overline{\beta}._j=\sum_{i=1}^{m}\frac{\beta_{ij}}{m},\quad \overline{\varepsilon}._j=\sum_{i=1}^{m}\frac{\varepsilon_{ij}}{m}$$

则

$$\overline{u}=\overline{\beta}-b\overline{1}+\overline{\varepsilon}$$

其中$\overline{1}$是元素全为1的$n\times1$向量。所以

$$\mathrm{Cov}(\beta_{ij},\hat{\theta})=\mathrm{Cov}(\beta_{ij},\xi'AX'\overline{\beta})$$

$$\begin{aligned}\xi'AX'\overline{\beta}&=(a_{21},a_{22})\begin{pmatrix}\sum_{j=1}^{n}\overline{\beta}._j\\ -\sum_{j=1}^{n}t_j\overline{\beta}._j\end{pmatrix}\\&=a_{21}\sum_{j=1}^{n}\overline{\beta}._j-a_{22}\sum_{j=1}^{n}t_j\overline{\beta}._j\end{aligned}$$

所以

$$\begin{aligned}\mathrm{Cov}(\beta_{ij},\hat{\theta})&=\sum_{l=1}^{n}\{a_{21}\mathrm{Cov}(\beta_{ij},\overline{\beta}._l)-a_{22}t_l\mathrm{Cov}(\beta_{ij},\overline{\beta}._l)\}\\&=(a_{21}-a_{22}t_j)\frac{\tau^2}{m}\end{aligned} \tag{3.4.9}$$

与上式类似可得

$$\begin{aligned}\mathrm{Cov}(\varepsilon_{ij},\hat{\theta})&=\mathrm{Cov}(\varepsilon_{ij},\xi' AX'\bar{\varepsilon})\\&=(a_{21}-a_{22}t_j)\frac{\sigma^2}{m}\end{aligned}\tag{3.4.10}$$

将式(3.4.8)～式(3.4.10)代入(3.4.7),可得

$$\mathrm{Var}(\hat{\beta}_{ij})=(m+2t_ja_{21}-t_j^2a_{22})\frac{\tau^2+\sigma^2}{m}\tag{3.4.11}$$

下面来讨论预测值$\hat{\beta}_{ij}$之间的相关性。对任意二个估计$\hat{\beta}_{ij}$与$\hat{\beta}_{kl}$的协方差为

$$\begin{aligned}\mathrm{Cov}(\hat{\beta}_{ij},\hat{\beta}_{kl})=&\mathrm{Cov}(\beta_{ij},\beta_{kl})+t_jt_l\mathrm{Var}(\hat{\theta})+\mathrm{Cov}(\varepsilon_{ij},\varepsilon_{kl})+t_l\mathrm{Cov}(\beta_{ij},\hat{\theta})+\\&t_j\mathrm{Cov}(\beta_{kl},\hat{\theta})+t_l\mathrm{Cov}(\varepsilon_{ij},\hat{\theta})+t_j\mathrm{Cov}(\varepsilon_{kl},\hat{\theta})\\=&\mathrm{Cov}(\beta_{ij},\beta_{kl})+\mathrm{Cov}(\varepsilon_{ij},\varepsilon_{kl})+t_jt_la_{22}\frac{\delta^2}{m}+\\&t_l(a_{21}-a_{22}t_j)\frac{\tau_2}{m}+t_j(a_{21}-a_{22}t_l)\frac{\tau^2}{m}+\\&t_l(a_{21}-a_{22}t_j)\frac{\sigma_2}{m}+t_j(a_{21}-a_{22}t_l)\frac{\sigma^2}{m}\\=&\mathrm{Cov}(\beta_{ij},\beta_{kl})+\mathrm{Cov}(\varepsilon_{ij},\varepsilon_{kl})+t_jt_la_{22}\frac{\tau^2+\sigma^2}{m}+\\&[t_l(a_{21}-a_{22}t_j)+t_j(a_{21}-a_{22}t_l)]\frac{\tau^2+\sigma^2}{m}\\=&\mathrm{Cov}(\beta_{ij},\beta_{kl})+\mathrm{Cov}(\varepsilon_{ij},\varepsilon_{kl})+[(t_j+t_l)a_{21}-t_jt_la_{22}]\frac{\tau^2+\sigma^2}{m}\end{aligned}$$

$$\mathrm{Cov}(\hat{\beta}_{ij},\hat{\beta}_{kl})=\begin{cases}(m+2t_ja_{21}-t_j^2a_{22})\dfrac{\tau^2+\sigma^2}{m} & (i=k,j=l)\\[2ex][(t_j+t_l)a_{21}-t_jt_la_{22}]\dfrac{\tau^2+\sigma^2}{m} & (i\neq k\quad or\quad j\neq l)\end{cases}\tag{3.4.12}$$

可见在一般情况下,诸$\hat{\beta}_{ij}$之间是相关的,但测量次数n和样本量m无限增大时,这种相关性会减弱。

3.4.3 随机斜率模型中参数的LSE

在破坏性测量场合,随机斜率的退化模型为

$$z_{ij}=\alpha-\beta_{ij}t_j+\varepsilon_{ij}\quad(i=1,2,\cdots,m;j=1,2,\cdots,n)\qquad(3.4.13)$$

其余条件与(3.4.2)相同。为了获得 α 与 b 的 LSE,可把上式转化为固定参数的线性模型,为此令

$$u_{ij}=e_{ij}+\varepsilon_{ij},\quad e_{ij}=(b-\beta_{ij})t_j$$

于是有 $z_{ij}=\alpha-bt_j+u_{ij}$,其中 $E(u_{ij})=0,\mathrm{Var}(u_{ij})=t_j^2\tau^2+\sigma^2,\tau^2=\mathrm{Var}(\beta_{ij})$。

令 $\psi=(\alpha,b)'$,则有

$$\begin{cases}\overline{z}=X\psi+\overline{u}\\E(\overline{u})=0\\\mathrm{Cov}(\overline{u})=(\tau^2\Lambda+\sigma^2I_n)/m\end{cases}\qquad(3.4.14)$$

其中 $\Lambda=\mathrm{diag}(t_1^2,\cdots,t_n^2),\overline{z},\overline{u},X$ 同前。

记 $D=(\tau^2\Lambda+\sigma^2I_n)/m$,若 τ^2,σ^2 已知,则 ψ 的 BLUE 为

$$\widetilde{\psi}_1=(X'D^{-1}X)^{-1}X'D^{-1}\overline{z}$$

且

$$E(\widetilde{\psi}_1)=\psi$$

$$\mathrm{Cov}(\widetilde{\psi}_1)=(X'D^{-1}X)^{-1}$$

但在实际问题中 τ^2 与 σ^2 一般是未知的,上式无法计算,故一般只能求得 ψ 的 LSE

$$\widetilde{\psi}_2=(X'X)^{-1}X'\overline{z}$$

下面在 $\sigma^2=0$(测量误差甚少,可忽略)的条件下进行讨论。这时式(3.4.14)改为

$$\begin{cases}\overline{z}=X\psi+\overline{e}\\E(\overline{e})=0\\\mathrm{Cov}(\overline{e})=\dfrac{\tau^2}{m}\Lambda\end{cases}\qquad(3.4.15)$$

其中 $\overline{e}=(\overline{e}_{\cdot1},\cdots,\overline{e}_{\cdot n})'$, $\overline{e}_{\cdot j}=(b-\overline{\beta}_{\cdot j})t_j$, $\overline{\beta}_{\cdot j}=\sum_{i=1}^m\beta_{ij}/m$。

在式(3.4.15)下,ψ 有 BLUE

$$\begin{cases}\hat{\psi}=(X'\Lambda^{-1}X)^{-1}X'\Lambda^{-1}\overline{z}\\E(\hat{\psi})=\psi\\\mathrm{Cov}(\hat{\psi})=\dfrac{\tau^2}{m}(X'\Lambda^{-1}X)^{-1}\end{cases}\qquad(3.4.16)$$

下面求 $\{\hat{\beta}_{ij}\}$ 的方差或协方差。

$$\mathrm{Cov}(\hat{\beta}_{ij},\hat{\beta}_{kl})=\mathrm{Cov}(\beta_{ij},\beta_{kl})+\frac{\mathrm{Var}(\hat{\alpha})}{t_j t_l}+\frac{\mathrm{Cov}(\beta_{ij},\hat{\alpha})}{t_l}+\frac{\mathrm{Cov}(\beta_{kl},\hat{\alpha})}{t_j} \tag{3.4.17}$$

$$\mathrm{Cov}(\beta_{ij},\beta_{kl})=\begin{cases}\tau^2 & (i=k,j=l)\\ 0 & (i\neq k \quad or \quad j\neq l)\end{cases} \tag{3.4.18}$$

设 $\zeta=(1,0)'$, $\hat{\alpha}=\zeta'\hat{\psi}$,则

$$\begin{aligned}\mathrm{Var}(\hat{\alpha})&=\mathrm{Var}(\zeta'\hat{\psi})\\&=\zeta'\mathrm{Cov}(\hat{\psi})\zeta\\&=\frac{\tau^2}{m}\zeta'(X'\Lambda^{-1}X)^{-1}\zeta\end{aligned} \tag{3.4.19}$$

由于 $\hat{\psi}=\psi+(X'\Lambda^{-1}X)^{-1}X'\Lambda^{-1}\bar{e}$,则

$$\begin{aligned}\mathrm{Cov}(\beta_{ij},\hat{\alpha})&=\mathrm{Cov}(\beta_{ij},\zeta'\hat{\psi})\\&=\mathrm{Cov}(\beta_{ij},\zeta'(X'\Lambda^{-1}X)^{-1}X'\Lambda^{-1}\bar{e})\\&=\zeta'(X'\Lambda^{-1}X)^{-1}X'\Lambda^{-1}\mathrm{Cov}(\beta_{ij},\bar{e})\end{aligned}$$

由于 $\bar{e}=(\bar{e}_{\cdot 1},\cdots,\bar{e}_{\cdot n})'$,$\bar{e}_{\cdot j}=(b-\bar{\beta}_{\cdot j})t_j$,且

$$\mathrm{Cov}(\beta_{ij},\bar{e}_{\cdot j})=-\frac{\tau^2 t_j}{m}$$

故有

$$\mathrm{Cov}(\beta_{ij},\bar{e})=\frac{\tau^2}{m}X\zeta$$

故可得

$$\mathrm{Cov}(\beta_{ij},\hat{\alpha})=\frac{\tau^2}{m}\zeta'\xi=0 \tag{3.4.20}$$

同样 $\mathrm{Cov}(\beta_{kl},\hat{\alpha})=0$。

由式(3.4.17)~式(3.4.20)可得

$$\mathrm{Cov}(\hat{\beta}_{ij},\hat{\beta}_{kl})=\begin{cases}\tau^2\left\{1+\dfrac{\zeta'(X'\Lambda^{-1}X)^{-1}\zeta}{mt_j^2}\right\} & (i=k,j=l)\\ \dfrac{\tau^2\zeta'(X'\Lambda^{-1}X)^{-1}\zeta}{mt_j t_l} & (i\neq k \quad or \quad j\neq l)\end{cases}$$

可见在一般情况下,诸 $\hat{\beta}_{ij}$ 之间是相关的,但测量次数 n 和样本量 m 无限增大时,这种相关性会减弱。

第四章

连续测量退化数据的统计分析

在退化数据可以连续测量(非破坏性测量)场合一般可以获得较多的退化数据,如何利用这些退化数据获得产品寿命信息及各种可靠性特征量是本章要讨论的问题。我们从产品寿命分布的 p 分位数开始讨论。

§4.1 失效分布的 p 分位数

设某产品的性能退化轨道函数为 $y(t)=y(t;\alpha,\beta)$,其中 α 为固定参数,β 为随机参数,并设 β 的分布函数为 $G(\beta)$,密度函数为 $g(\beta)$。由于 β 的随机性导致退化量 $y(t)$ 的随机性,记在 t 时刻**退化量 y 的分布函数为 $F_Y(y;t)$**,在第 2 章已指出,由 $F_Y(y;t)$ 可以导出**产品寿命 T 的失效分布 $F_T(t;y_c)$**,即在失效水平为 y_c 时

$$
\begin{aligned}
F_T(t;y_c)&=P(T\leqslant t;y_c)\\
&=\begin{cases}P(y(t)\geqslant y_c),\text{当 } y(t)\text{ 是 } t \text{ 的增函数}\\ P(y(t)\leqslant y_c),\text{当 } y(t)\text{ 是 } t \text{ 的减函数}\end{cases}\\
&=\begin{cases}1-F_Y(y_c;t)\\ F_Y(y_c;t)\end{cases}
\end{aligned}
\tag{4.1.1}
$$

这里 $F_Y(y_c;t)$ 实际上是 $F_Y(y;t)$ 在 $y=y_c$ 处的值。

4.1.1 退化量 $y(t)$ 的 p 分位数

设退比量 $y(t)$ 在时刻 t 的分布函数为 $F_Y(y;t)$,对给定的 $p(0<p<1)$ 和 t,**$y(t)$ 的 p 分位数**是方程 $F_Y(y;t)=p$ 的解。若记此 p 分位数为 $y_p(t)$,则有

$$F_Y(y_p(t);t)=p \tag{4.1.2}$$

还可证明，$y_p(t)$与$y(t)$同为减函数，或同为增函数。具体见下面定理。

定理 4.1.1 设退化量$y(t)$是t的严减（增）函数，则其p分位数$y_p(t)$亦为t的严减（增）函数。

【证】 由隐函数求导法则，从式(4.1.2)可得

$$\frac{\partial F_Y}{\partial y}\frac{dy_p(t)}{dt}+\frac{\partial F_Y}{\partial t}=0$$

或

$$\frac{dy_p(t)}{dt}=\frac{-\dfrac{\partial F_Y}{\partial t}}{\dfrac{\partial F_Y}{\partial y}}$$

其中分母为退化量$y(t)$的密度函数，即$\frac{\partial F_Y}{\partial y}=f_Y(y,t)$，它在$t>0$上都有正密度。而分子部分由式(4.1.1)可知：当$y(t)$是严减函数时$\frac{\partial F_Y}{\partial t}=\frac{\partial F_T}{\partial t}=f_T(t;y_c)>0(t>0)$，故$\frac{dy_p(t)}{dt}<0$，从而$y_p(t)$是$t$的严减函数；当$y(t)$是严增函数时，由式(4.1.1)可知

$$\frac{dy_p(t)}{dt}=\frac{-[-f_T(t;y_c)]}{f_Y(y_c;t)}>0$$

从而$y_p(t)$是t的严增函数。这就证明了$y_p(t)$与$y(t)$有相同的严减性或有相同的严增性。

定理 4.1.1 的结论是直观的。譬如，若退化量$y(t)$是严减函数，则其 0.05 分位数$y_{0.05}(t)$与 0.95 分位数$y_{0.95}(t)$也都是t的严减函数，当t从 0 开始不断增大时，$y(t)$将以 0.90 的概率位于$y_{0.05}(t)$与$y_{0.95}(t)$之间的带状区域中，即

$$P(y_{0.05}(t)\leqslant y(t)\leqslant y_{0.95}(t))=0.90$$

譬如中位数$y_{0.50}(t)$就位于此带状区域中。

4.1.2 失效分布的 p 分位数

设失效分布函数$F_T(t;y_c)$的p分位数为t_p，即t_p满足

$$F_T(t_p;y_c)=p$$

这表明t_p可从失效分布函数导出。但在退化场合t_p也可从退化量$y(t)$的p

分位数导出。当退化量 $y(t)$ 是严减函数时，由式(4.1.1)知

$$F_T(t_p;y)=F_Y(y_c;t_p)=p$$

这表明退化量 $y(t)$ 在时刻 t_p 的 p 分位数为 y_c，即

$$y_p(t_p)=y_c$$

或者说，失效分布的 p 分位数 t_p 是方程 $y_p(t)=y_c$ 的唯一解，因为 $y_p(t)$ 与 $y(t)$ 同为严减函数，这里和以后都默认方程 $y_p(t)=y_c$ 是有解的，这在实践中是可以理解的。

类似地，当退化量 $y(t)$ 是严增函数时，由式(4.1.1)可知，失效分布的 p 分位数 t_p 是方程 $y_{1-p}(t)=y_c$ 的唯一解。

综合上述，可得如下定理。

定理 4.1.2　设 y_c 为失效水平，t_p 为失效分布的 p 分位数，则有

(i)当 $y(t)$ 为严减函数时，t_p 是方程 $y_p(t)=y_c$ 的唯一解。

(ii)当 $y(t)$ 为严增函数时，t_p 是方程 $y_{1-p}(t)=y_c$ 的唯一解。

这个定理表明：退化量的分位数 y_p、失效分布的分位数 t_p 与失效水平 y_c 这三者间通过等式 $y_p(t_p)=y_c$（或 $y_{1-p}(t_p)=y_c$）紧密联系在一起。其中一个变动，另两个也会随之变动。

例 4.1.1　设某产品的退化量 $y(t)=\alpha-\beta\ln t$ 是 t 严减函数，其中 α 为固定参数，β 为随机参数，其分布为威布尔分布 $\mathrm{Wei}(m,\eta)$，它的分布函数为

$$F_\beta(b)=1-\exp\left\{-\left(\frac{b}{\eta}\right)^m\right\}\quad(b>0)$$

由此推导出退化量在时刻 t 的分布函数为

$$\begin{aligned}F_Y(y;t)&=P(\alpha-\beta\ln t\leqslant y)=P\left(\beta\geqslant\frac{\alpha-y}{\ln t}\right)\\&=\exp\left\{-\left(\frac{\alpha-y}{\eta\ln t}\right)^m\right\}\quad(t>0)\end{aligned}$$

在时刻 t 退化量的 p 分位数 $y_p(t)$ 可由下式求得

$$\exp\left\{-\left(\frac{\alpha-y_p}{\eta\ln t}\right)^m\right\}=p$$

$$y_p(t)=\alpha-\eta\ln t(-\ln p)^{1/m}$$

失效分布的 p 分位数 t_p 可由方程 $y_p(t)=y_c$ 获得，其中 y_c 为失效水平。即 t_p 可从下式获得

$$\alpha-\eta\ln t_p(-\ln p)^{1/m}=y_c$$

$$t_p=\exp\{(\alpha-y_c)/[\eta(-\ln p)^{1/m}]\}$$

特别，该产品中位寿命 $t_{0.5}$ 为 $\exp\{(\alpha-y_c)/[\eta\sqrt[m]{\ln 2}]\}$。

例 4.1.2 设某产品的退化量 $y(t)=\alpha+\beta\ln t$ 是 t 的严增函数，其中 α 为固定参数，β 为随机参数，且服从 $\mathrm{Wei}(m,\eta)$。此时，退化量在时刻 t 的 p 分位数 $y_p(t)$

$$y_p(t)=\alpha+\eta\ln t[-\ln(1-p)]^{1/m}$$

而失效分布的 p 分位数 t_p 可由方程 $y_{1-p}(t)=y_c$ 解得，最后可得

$$t_p=\exp\left\{\frac{y_c-\alpha}{\eta[-\ln p]^{1/m}}\right\}$$

从上述例子可见，即使是一些比较简单的退化模型，从 β 的分布出发导出各种分位数的参数表示仍很复杂。因而对较为复杂的模型，其分位数往往很难获得其参数表示。故由退化数据作出退化量分位数估计，然后再设法获得失效分布的分位数的估计。

4.1.3 分位数的估计

设有 m 个产品参加退化试验，并在几个时刻 $t_1<t_2<\cdots<t_n$ 测其退化量大小，获得如下退化数据

$$z_{ij}=y_{ij}+\varepsilon_{ij}\quad(i=1,\cdots,m;j=1,\cdots,n)$$

其中 z_{ij} 是第 i 个产品在时刻 t_j 的退化量 y_{ij} 的测量值，ε_{ij} 是测量误差，常假设：诸 ε_{ij} 是来自均值为 0，方差为 σ^2 的一个样本，简记为 $\{\varepsilon_{ij}\}\sim(0,\sigma^2)$。如今要对二种分位数 $y_p(t)$（退化量在时刻 t 的 p 分位数）和 t_p（失效分布的 p 分位数）作出估计。这可有如下两条途径。

1)在可以确定退化轨道函数 $y(t)=y(t,\beta)$ 场合，其中固定参数 α 已省略。若记随机参数 β 在第 i 个产品中的取值为 β_i，则有

$$y_{ij}=y(t_j,\beta_i)\quad(i=1,\cdots,m;j=1,\cdots,n)$$

这时先用第 i 个产品的 n 个退化数据 $z_{i1},\cdots,z_{in}$ 对第 i 条退化轨道 $y(t,\beta_i)$ 中的固定参数和随机参数（向量）的实现值 β_i 作出估计 $\hat{\beta}_i$（见第 3 章）。

当 m 条轨道函数 $y(t,\hat{\beta}_i)(i=1,\cdots,m)$ 已获得后，可用时刻 t 的估计值 $y(t,\hat{\beta}_1),\cdots,y(t,\hat{\beta}_m)$ 作出 t 时刻退化量的 p 分位数 $y_p(t)$ 的估计值，记为 $\hat{y}_p(t)$。最后对失效水平 y_c，用试算和调节方法求得 $\hat{t}_p$，使得

$$\hat{y}_p(\hat{t}_p)\approx y_c$$

这里 $\hat{t}_p$ 就是失效分布的 p 分位数 t_p 的估计值。

2)当退化轨道函数 $y(t)$难以确定时,可先用时刻 t_j 处得到的 m 个退化数据 $z_{1j},\cdots,z_{mj}$ 的样本 p 分位数 $\hat{z}_p(t_j)$作为退化量的 p 分位数 $y_p(t_j)$的估计值。然后用 n 个点

$$(t_j,\hat{z}_p(t_j))\quad (j=1,\cdots,n)$$

设法配置一条曲线 $z=\hat{z}_p(t)$。最后对失效水平 y_c 在解方程 $\hat{z}_p(t)=y_c$ 中作出 t_p 的估计值 $\hat{t}_p$。

在实施上述两条途径中要注意以下几点:

● 样本量 m 要尽量大一些,使上述一些估计具有相合性。

● 测量误差要尽量小一些。在退化缓慢场合更应有高精度的测量,使测量误差的方差 σ^2 不超过退化量的方差 $\mathrm{Var}[y(t)]$,这时人们常常用延长测试周期来实现,这会导致整个退化试验时间延长,这对矛盾妥善处理是试验成功的关键之一。

● 在作分位数估计时,用内插法问题不很大,但作外推时要注意,不能外推过远。

例 4.1.3　某型号(RJ14-1/4W-240kΩ)的金属膜电阻器是阻值缓慢退化的电子元件。电阻值会随着时间延长而增长,当增长幅度相对初始值的2%时则认为电阻失效。记电阻在时刻 t 的阻值为 $y(t)$,则有

$$w(t)=\frac{y(t)}{y(0)}\begin{cases}<1.02,\text{正常}\\ \geqslant 1.02,\text{失效}\end{cases}$$

为了研究此类电阻器的寿命特征,在此型号电阻器中随机抽 200 只参加退化试验,并在以下五个时间点

$$t_1=0,\ t_2=500,\ t_3=1000,\ t_4=2000,\ t_5=4600(\mathrm{h})$$

处测其电阻值,单位:千欧(kΩ),数据见附表 1。这批数据的特点是:样本量大,测量点少,阻值退化十分缓慢,在 4600 小时内,平均阻值仅增 4‰左右。

下面我们来寻求此类电阻器的中位寿命 $t_{0.5}$ 的估计。

1)首先在每个测量点 t_j 上确定退化量的中位数 $w_{0.5}(t_j)$。这可从附表 1 上找到。

t_j	0	500	1000	2000	4600
$W_{0.5}(t_j)$	1	1.001430	1.002107	1.002874	1.004177

2)作散点图。

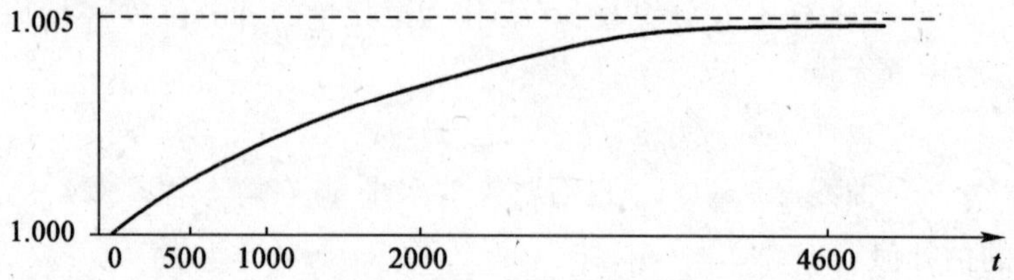

3)认定曲线类型。从比较中看出:数组($w_{0.5}(t_j)$,$\sqrt{t_j}$)($j=1,\cdots,5$)的相关系数 $r=0.9989$,故选用 $w_{0.5}(t_j)=a+b\sqrt{t_j}$配回归曲线。用最小二乘法获得回归系数估计 $\hat{a}=1.00005964$,$\hat{b}=0.00006179$。其误差方差估计为 $\hat{\sigma}^2=0.000003259$,$\hat{\sigma}=0.001805$。

4)解方程 $\hat{a}+\hat{b}\sqrt{t_{0.5}}=1.02$,得中位寿命 $t_{0.5}=104143$h。其近似 90%的置位区间可从方程 $\hat{a}+\hat{b}\sqrt{t}\pm 2\hat{\sigma}=1.02$ 解得(69854,145256)。这表明:约有 50%电阻器的寿命高于 10.4 万小时,中位寿命 $t_{0.5}$ 有 90%机会在 7 万~14.5 万小时间。

§4.2 失效分布矩的估计

当退化量 $y(t)=y(t;\alpha,\beta)$ 随着时间 t 的延长达到事先给出的失效水平 y_c,就可获得失效时间(寿命)T,即 T 满足下列等式

$$y(T;\alpha,\beta)=y_c$$

这时 T 仍是失效水平 y_c,固定参数 α 和随机参数(向量)β 的函数,我们把它记为 $T=h(y_c,\alpha,\beta)$。如何获得 T 的 k 阶矩 $E(T^k)$ 的估计呢?这是实际中常需要解决的问题,这一节将讨论这个问题。

4.2.1 寻求 $E(T^k)$ 的表达式

当随机参数 β 的分布函数 $G(\beta;\lambda)$ 已知,而其参数(向量)λ 还是未知参数时,这时寿命 T 的 k 阶矩可表示如下

$$E(T^k)=\int[h(y_c,\alpha,\beta)]^k dG(\beta;\lambda) \tag{4.2.1}$$

这个 k 阶矩仍是参数 α,λ 的函数,只有获得 α 与 λ 的估计后,才能获得 $E(T^k)$ 的估计。

例 4.2.1　设退化量 $y(t)$ 是 t 的线性减函数，如

$$y(t)=\alpha-\beta t \quad (\beta>0)$$

当 $y(t)=y_c$ 时，可获得寿命 T 的表达式

$$T=\frac{\alpha-y_c}{\beta}\triangleq h(y_c,\alpha,\beta)$$

它的 k 阶矩为

$$E(T^k)=\int\left(\frac{\alpha-y_c}{\beta}\right)^k dG(\beta;\lambda)$$

为简单起见，这里设 β 服从倒威布尔分布，即

$$\beta^{-1}\sim \mathrm{Wei}(m,\eta)$$

这时

$$E(T^k)=(\alpha-y_c)^k\int_0^\infty t^k d\left[1-e^{-\left(\frac{t}{\eta}\right)^m}\right]$$

$$=-(\alpha-y_c)^k\int_0^\infty t^k d\left[e^{-\left(\frac{t}{\eta}\right)^m}\right]$$

经过变量替换可算得

$$E(T^k)=(\alpha-y_c)^k\cdot\eta^k\Gamma\left(\frac{k}{m}+1\right)$$

其中 $\Gamma(\cdot)$ 为伽玛函数。由此可写出

$$E(T)=(\alpha-y_c)\eta\Gamma\left(\frac{1}{m}+1\right)$$

$$\mathrm{Var}(T)=(\alpha-y_c)^2\eta^2\left[\Gamma\left(\frac{2}{m}+1\right)-\Gamma^2\left(\frac{1}{m}+1\right)\right]$$

只有在获得诸参数 α,m,η 的估计后才能获得平均寿命与寿命方差的估计。这是一件不容易的事。

假如退化量 $y(t)$ 较为复杂，或随机参数 β 的分布难于确定时，要通过式(4.2.1)获得矩的估计是困难的。

4.2.2　用寿命的预测值估计各阶矩

设有 m 个产品参加退化试验。并在 n 个时间上测得退化数据

$$z_{ij}=y(t_j,\alpha,\beta_i)+\varepsilon_{ij} \quad (i=1,\cdots,m;j=1,\cdots,n)$$

其中 α 为固定参数，β_i 为随机参数 β 在第 i 个产品中的取值，$\{\varepsilon_{ij}\}\sim(0,\sigma^2)$。

用寿命的预测值估计各阶矩的方法如下：

1)用第 i 个产品的退化数据 $z_{i1},\cdots,z_{in}$ 对第 i 条退化轨道 $y(t_j,\alpha,\beta_i)$ 中

的参数 α 和 β_i 作出估计，记为 $\hat{\alpha}, \hat{\beta}_i$。

2）对失效水平 y_c，用等式 $y(t, \hat{\alpha}, \hat{\beta}_i) = y_c$ 定出预测寿命 T_i，对 $i=1, \cdots, m$ 重复上述过程获得 m 个寿命预测值 $T_1, \cdots, T_m$。

3）计算 k 阶矩

$$\hat{\mu}_k = \frac{1}{m}\sum_{i=1}^{m} T_i^k \quad (k = 1, 2, \cdots) \tag{4.2.2}$$

上述过程容易被理解。其成功关键在于退化轨道函数 $y(t,\alpha,\beta)$ 符合实际退化规律。例如轨道函数 $y(t,\alpha,\beta)$ 可信，则所得的 $T_1, \cdots T_m$ 很可能是失效分布的独立同分布样本，这会导致 $\hat{\mu}_k$ 是 $E(T^k)$ 的相合估计。

这个方法在退化测试周期不太长时很适用。

4.2.3　二阶 Taylor 近似估计（Δ 法）

在退化试验中寿命 $T = h(y_c, \alpha, \beta)$ 的随机性主要来自随机参数（向量）β 的随机性，故又记 $T = h(\beta)$。若设 β 为 q 维参数，这里将在已知其二阶矩存在的场合

$$E(\beta) = b, \quad \mathrm{Cov}(\beta) = \Sigma$$

下寻求 $E(T)$ 和 $\mathrm{Var}(T)$ 的估计。这里 b 为 q 维列向量，Σ 为 $q \times q$ 维方阵。

首先求 $h(\beta)$ 关于 β 在 b 的二阶 Taylor 近似，记

$$\xi(\beta) = \left(\frac{\partial h(\beta)}{\partial \beta_1}, \cdots, \frac{\partial h(\beta)}{\partial \beta_q}\right)' \hat{=} \frac{\partial h(\beta)}{\partial \beta}$$

$$H(\beta) = \begin{bmatrix} \dfrac{\partial^2 h(\beta)}{\partial \beta_1 \partial \beta_1} & \cdots & \dfrac{\partial^2 h(\beta)}{\partial \beta_1 \partial \beta_q} \\ \vdots & \ddots & \vdots \\ \dfrac{\partial^2 h(\beta)}{\partial \beta_q \partial \beta_1} & \cdots & \dfrac{\partial^2 h(\beta)}{\partial \beta_q \partial \beta_q} \end{bmatrix} \hat{=} \frac{\partial^2 h(\beta)}{\partial \beta \partial \beta'}$$

则有 $h(\beta)$ 的二阶 Taylor 近似。

$$\tilde{h}(\beta) \hat{=} h(b) + [\xi(b)]'(\beta - b) + \frac{1}{2}(\beta - b)' H(b)(\beta - b) \tag{4.2.3}$$

由于 $E[(\beta-b)'H(b)(\beta-b)] = E[\mathrm{tr}(H(b)(\beta-b)(\beta-b)')] = \mathrm{tr}[H(b)\Sigma]$，故有

$$E\{\tilde{h}(\beta)\} = h(b) + \frac{1}{2}\mathrm{tr}\{H(b)\Sigma\} \tag{4.2.4}$$

这里 $E\{\widetilde{h}(\beta)\}$ 只涉及 β 的均值向量及协方差矩阵，当然，也与固定系数向量 α 和失效水平 y_c 有关，而 α，b 和 Σ 可由退化数据作出估计，将这些估计量 $\hat{\alpha}$，$\hat{b}$ 和 $\hat{\Sigma}$ 代入式(4.2.4)，则可得到平均寿命 $E(T)$ 的一种近似估计

$$\hat{E}_1 = h(\hat{b}) + \frac{1}{2}\mathrm{tr}\{H(\hat{b})\hat{\Sigma}\} \tag{4.2.5}$$

下面再求 $h^2(\beta)$ 关于 β 在 b 的二阶 Taylor 近似。

$$\zeta(\beta) = \frac{\partial h^2(\beta)}{\partial \beta} = 2h(\beta)\xi(\beta)$$

$$W(\beta) = \frac{\partial^2[h^2(\beta)]}{\partial\beta\partial\beta'} = 2\{[\xi(\beta)][\xi(\beta)]' + h(\beta)H(\beta)\}$$

则有 $h^2(\beta)$ 的二阶 Taylor 近似

$$\widetilde{h}^2(\beta) \doteq h^2(b) + [\zeta(b)](\beta - b) + \frac{1}{2}(\beta - b)'W(\beta)(\beta - b) \tag{4.2.6}$$

且有

$$E\{\widetilde{h}^2(\beta)\} = h^2(b) + \frac{1}{2}\mathrm{tr}\{W(b)\Sigma\} \tag{4.2.7}$$

由式(4.2.7)及式(4.2.4)，则有 $\mathrm{Var}(T)$ 的二阶 Taylor 近似表达式

$$\mathrm{Var}(T(y_c)) \approx [\xi(b)]'\Sigma\xi(b) - \frac{1}{4}[\mathrm{tr}(H(b)\Sigma)]^2 \tag{4.2.8}$$

将 $\hat{\alpha}$，$\hat{b}$ 和 $\hat{\Sigma}$ 代替式(4.2.8)中的 α，b 和 Σ，则有 $\mathrm{Var}(T)$ 的一种估计

$$\hat{V}_1 = [\xi(\hat{b})]'\hat{\Sigma}\xi(\hat{b}) - \frac{1}{4}[\mathrm{tr}(H(\hat{b})\hat{\Sigma})]^2 \tag{4.2.9}$$

式(4.2.5)和式(4.2.9)是先求得 $E(T)$ 和 $\mathrm{Var}(T)$ 的二阶近似表达式，然后代入有关参数的估计而得到 $E(T)$ 和 $\mathrm{Var}(T)$ 的一种估计。我们称 $\hat{E}_1$ 和 $\hat{V}_1$ 为二阶 Taylor 近似估计。当 $h(\beta)$ 或 $h^2(\beta)$ 的二阶 Taylor 近似程度较好，β 的分布比较集中于 b，并且 $\hat{\alpha}$，$\hat{b}$ 和 $\hat{\Sigma}$ 的精度较高时，$\hat{E}_1$ 和 $\hat{V}_1$ 一般是 $E(T)$ 和 $\mathrm{Var}(T)$ 较好的估计。

若寿命变量 $T = h(y_c, \alpha, \beta)$ 是由寿命方程 $y(T, \alpha, \beta) = y_c$ 所确定的隐式寿命变量，则式(4.2.5)和式(4.2.9)不能直接用，但用隐函数求导的方法求出所需各阶导数即可。

首先，由寿命方程 $y(T, \alpha, \beta) = y_c$ 不难求得

$$\xi(T, \beta)_{q\times 1} \doteq \frac{\partial h}{\partial \beta} = -\frac{\partial y/\partial \beta}{\partial y/\partial T}$$

$$H(T,\beta)_{q\times q}\hat{=}\frac{\partial^2 h}{\partial\beta\partial\beta'}$$

$$=\left[2\frac{\partial^2 g}{\partial T\partial\beta}\frac{\partial g}{\partial\beta'}-\frac{\partial^2 g}{\partial\beta\,\partial\beta'}\frac{\partial g}{\partial T}-\frac{\partial^2 g}{\partial T^2}\left(\frac{\partial g}{\partial T}\right)^{-1}\frac{\partial g}{\partial\beta}\frac{\partial g}{\partial\beta'}\right]\left(\frac{\partial g}{\partial T}\right)^{-2}$$

其中导数均为 T 与 β 的函数，设 T_b 是方程 $g(T_b,\alpha,b)=y_c$ 的解，$b=E(\beta)$，由前面所得公式则可得

$$\hat{E}_2=T_{\hat{b}}+\frac{1}{2}\mathrm{tr}\{H(T_{\hat{b}},\hat{b})\hat{\Sigma}\} \tag{4.2.10}$$

$$\hat{V}_2=[\xi(T_{\hat{b}},\hat{b})]'\hat{\Sigma}\xi(T_{\hat{b}},\hat{b})-\frac{1}{4}[\mathrm{tr}(H(T_{\hat{b}},\hat{b})\hat{\Sigma})]^2 \tag{4.2.11}$$

当然，这里 $\hat{E}_2$ 和 $\hat{V}_2$ 也是 $\hat{\alpha}$ 的函数。

4.2.4 矩的二次逼近估计

在§4.2.3 中所讨论的二阶 Taylor 近似估计，关键是用 $h(y_c,\alpha,\beta)$ 关于 β 在 b 点的二阶 Taylor 多项式来近似代替 $h(y_c,\alpha,\beta)$，估计的效果与近似的程度有很大的关系，但这种近似通常只在 b 点附近有较好的效果。下面考虑用 β 的一般二次多项式逼近 $h(y_c,\alpha,\beta)$，从而求得 $E(T)$ 和 $Var(T)$ 的估计。

设有 β 的一般二次多项式

$$\tilde{h}(\beta|\theta)\hat{=}\alpha+\xi'\beta+\beta'\Phi\beta \tag{4.2.12}$$

其中 α,ξ,Φ 均为参数，ξ 是 $q\times1$ 的向量，Φ 是 $q\times q$ 的矩阵，且对称。θ 是 α，ξ,Φ 的顺次拉直参数向量，故 θ 是 $r\times1$ 的向量，$r=1+q+q(q+1)/2$。

若 θ 取适当的值，使 $\tilde{h}(\beta|\theta)$ 与 $h(\beta)$ 有较好的近似，即

$$h(\beta)\approx\alpha+\xi'\beta+\beta'\Phi\beta$$

则有

$$E(T)=\alpha+\xi'b+\mathrm{tr}\{\Phi(\Sigma-bb')\} \tag{4.2.13}$$

下面讨论确定 θ 的方法。

设 β 的分布函数为 $G(\beta)$，且存在各阶矩。容易想到，所取 θ 应使下式达到最小。

$$\int[h(\beta)-\tilde{h}(\beta\mid\theta)]^2dG(\beta) \tag{4.2.14}$$

由于 $G(\beta)$ 往往未知，即使 $G(\beta)$ 已知，上式作为 θ 的函数往往也是十分复杂，以此作为目标函数求最佳参数 θ 通常比较困难。

设有 m 个样品，对应地有来自随机参数分布 $G(\beta)$ 的一个样本 $\beta_1,\cdots,\beta_m$，类似于式(4.2.14)可构造如下目标函数

$$S(\theta)=\sum_{i=1}^{m}[h(\beta_i)-\widetilde{h}(\beta_i\mid\theta)]^2/m$$

$$=\sum_{i=1}^{m}[\alpha+\xi'\beta_i+\beta'_i\Phi\beta_i-h(\beta_i)]^2/m \qquad (4.2.15)$$

若有 $\hat{\theta}$ 使 $S(\hat{\theta})=\min\limits_{\theta}\{S(\theta)\}$，则 $\hat{\theta}$ 是式(4.2.15)的最优解。由于 $\widetilde{h}(\beta|\theta)$ 是 θ 的线性函数，因而很容易给出计算公式。

设

$$\beta_i=(\beta_{i1},\cdots,\beta_{iq})' \quad (i=1,2,\cdots,m)$$

$$\xi=(\xi_1,\cdots,\xi_q)'$$

$$\Phi=(\lambda_{lk})_{q\times q}$$

则有

$$\begin{aligned}\widetilde{h}(\beta_i|\theta)=\alpha+\xi_1+\beta_{i1}\quad&+\cdots\quad+\xi_q\beta_{iq}\\+\lambda_{11}\beta_{i1}^2+2\lambda_{12}\beta_{i1}\beta_{i2}&+\cdots+2\lambda_{1q}\beta_{i1}\beta_{iq}\\+\lambda_{22}\beta_{i2}^2&+\cdots+2\lambda_{2q}\beta_{i2}\beta_{iq}\\&\ddots\qquad\vdots\\&+\lambda_{qq}\beta_{iq}^2\end{aligned}$$

令

$$\theta_1=\alpha,\quad \theta_2=\xi_1,\quad \cdots,\quad \theta_{q+1}=\xi_q,\quad \theta_{q+2}=\lambda_{11},\quad \cdots,\quad \theta_r=\lambda_{qq}$$

$$z_{i1}=1,\quad z_{i2}=\beta_{i1},\quad \cdots,\quad z_{iq+1}=\beta_{iq},\quad z_{iq+2}=\beta_{i1}^2,\quad \cdots,\quad z_{ir}=\beta_{ir}^2$$

$$\widetilde{h}(\theta)\hat{=}\begin{bmatrix}\widetilde{h}(\beta_1|\theta)\\\vdots\\\widetilde{h}(\beta_m|\theta)\end{bmatrix}=\begin{bmatrix}z_{11}&\cdots&z_{1r}\\\vdots&\ddots&\vdots\\z_{m1}&\cdots&z_{mr}\end{bmatrix}\begin{bmatrix}\theta_1\\\vdots\\\theta_r\end{bmatrix}\hat{=}Z\theta$$

$$h\hat{=}(h(\beta_1),\cdots,h(\beta_m))'$$

则式(4.2.15)可改写为

$$S(\theta)=\|\widetilde{h}(\theta)-h\|^2/m$$

其中‖·‖定义为欧氏距离。

一般这里要求 $m>r$，若对给定的 $\beta_1,\cdots,\beta_m$，Rank$(Z)=r$，则 θ 的 LSE 为

$$\hat{\theta}=(Z'Z)^{-1}Z'h \tag{4.2.16}$$

在实际问题中，$\beta_1,\cdots,\beta_m$ 一般不可观测，则可用它们的预测值代替。再将 b 和 Σ 的估计代入式(4.2.13)则可得到 $E(T)$ 的二次逼近估计

$$\hat{E}_3=\hat{\hat{\alpha}}+\hat{\hat{\xi}}'\hat{b}+\mathrm{tr}\{\hat{\hat{\Phi}}(\hat{\Sigma}-\hat{b}\hat{b}')\} \tag{4.2.17}$$

其中 $\hat{\hat{\alpha}},\hat{\hat{\xi}},\hat{\hat{\Phi}}$ 是用 $\hat{\beta}_1,\cdots,\hat{\beta}_m$ 代替 $\beta_1,\cdots,\beta_m$，由式(4.2.16)所确定的多项式系数。

注意，h 与 α 有关，还要用 $\hat{\alpha}$ 代之。

若将使式(4.2.14)达到最小的二次多项式 $\tilde{h}(\beta|\theta)$ 称为 $h(\beta)$ 的最佳二次逼近多项式，则当 m 充分大时，$\tilde{h}(\beta|\hat{\theta})$ 应很好地接近最佳二次逼近多项式，即当 m 很大时，$\tilde{h}(\beta|\hat{\theta})$ 是寿命变量 $h(\beta)$ 较好的二次预测，另一方面，$\hat{\beta}_i$ 一般具有相合性，$\hat{\alpha}$，$\hat{b}$ 和 $\hat{\Sigma}$ 也是相合估计，这些条件使得 $\hat{E}_3$ 在某些情况下会是 $E(T)$ 的较好估计。

完全类似地可以求得 Var(T) 的估计。

§4.3　药品的货架寿命

Shao Jun & Chow Shein - Chung(1991)研究了药品的货架寿命，以药效指标为退化量，当药效指标下降到初始值的 10%时判定药品失效，药效指标下降 10%所经历的时间，即为该药品的货架寿命，片剂药品通常是一批一批地生产，同一批生产出的药品其货架寿命几乎没有差异，而不同批生产出的药品其货架寿命则往往存在差异，因而不同批生产出的药品，货架寿命为随机变量。另外药品包装类别(如瓶装与片装)对货架寿命也有影响，因此要分别讨论。

某种药品在瓶装和片装两种不同包装条件下，分别在同批产品中进行抽样，样品放在货架上(自然条件)，并对每批的样品重复测量 6 次，其中前 5 次每隔三周测量一次，第 6 次在隔 6 周后测最后一次，测得的退化数据 $Z_{ij}^{(1)}$ 与 $Z_{ij}^{(2)}$ 列于表 4.3.1 中，其上标(1)表瓶装，(2)表片装。

表 4.3.1　两类包装下药效指标的退化数据 $Z_{ij}^{(1)}$ 与 $Z_{ij}^{(2)}$

类别	i \ t_j/周	0	3	6	9	12	18
瓶装 $Z_{ij}^{(1)}$	1	104.8	102.5	101.5	102.4	99.5	96.5
	2	103.9	101.9	103.2	99.6	100.2	98.8
	3	103.5	102.1	101.9	100.3	99.2	101.0
	4	101.5	100.3	101.1	100.6	100.7	98.4
	5	106.1	104.3	101.5	101.1	99.4	98.2
片装 $Z_{ij}^{(2)}$	1	102.0	101.6	100.9	101.1	101.7	47.1
	2	104.7	101.3	103.8	99.8	98.9	97.1
	3	102.5	102.3	100.0	101.7	99.0	100.9
	4	100.1	101.8	101.4	99.9	99.2	97.4
	5	105.2	104.1	102.4	100.2	99.6	97.5

下面分几步来讨论这个问题。

1)模型

药效指标的退化常随时间 t 呈线性退化趋势。若有 m 个样品在 n 个时刻($t_1<t_2<\cdots<t_n$)进行重复测量,所得退化数据 z_{ij} 有如下结构:

$$\begin{cases} z_{ij}=\beta_1+\beta_2 t_j+\varepsilon_{ij} \quad (i=1,\cdots,m;j=1,\cdots,n) \\ E(\beta)=b,\ \mathrm{Cov}(\beta)=\Sigma \\ \{\varepsilon_{ij}\}\sim(0,\sigma^2),\{\varepsilon_{ij}\}\text{与}\beta\text{相互独立} \end{cases} \tag{4.3.1}$$

这里只假设随机参数向量 $\beta=(\beta_1,\beta_2)'$ 具有前二阶矩,对其联合分布不作具体假设。

这个模型对瓶装药品与片装药品均适用。

利用§3.1中给出的随机系数线性模型的参数估计方法(见式(3.1.5)~式(3.1.7))可在瓶装和片装场合分别获得均值向量 b、协方差阵 Σ 和误差方差 σ^2 的如下最小二乘估计(LSE)

瓶装:

$$\hat{b}=\begin{pmatrix}103.5106\\-0.2892\end{pmatrix},\ \hat{\Sigma}=\begin{pmatrix}1.9346 & -0.1803\\-0.1803 & 0.00168\end{pmatrix},\ \hat{\sigma}^2=0.6689 \tag{4.3.2}$$

片装:

$$\hat{b}=\begin{pmatrix}103.0663\\-0.2783\end{pmatrix},\ \hat{\Sigma}=\begin{pmatrix}2.1441 & -0.1916\\-0.1916 & 0.0190\end{pmatrix},\ \hat{\sigma}^2=0.1563 \tag{4.3.3}$$

从上述估计可见,两种包装的随机系数向量 β 的均值估计相差不大,但其协方差与测量误差方差的估计有一些差别。

2)$E(T)$和 $\mathrm{Var}(T)$的二阶 Taylor 近似估计

这里我们转入该药品货架寿命 T 的讨论。该药品的退化失效水平是用相对失效水平 y_R 表示的，即当退化量 $y(t)/y(0)$ 达到相对失效水平 $y_R=0.9$ 时就判为失效。由于 $y(0)=\beta_1$，故此相对退化量为

$$\frac{y(t)}{y(0)}=1+\frac{\beta_2}{\beta_1}t \tag{4.3.4}$$

当它达到相对退化失效水平 y_R 时就认为失效，这时该药品的货架寿命 T 有如下表达式

$$T=h(\beta)=(y_R-1)\beta_1/\beta_2 \tag{4.3.5}$$

这里的数据不多，又无法确定 β 的合理分布，故选用二阶 Taylor 近似方法给出 $E(T)$和 $\mathrm{Var}(T)$的近似估计。按§4.2.3 的叙述，应先获得货架寿命 $T=h(\beta)$的前二阶偏导数，具体是

$$\zeta(\beta)=\begin{pmatrix}\dfrac{\partial h}{\partial\beta_1}\\[2mm] \dfrac{\partial h}{\partial\beta_2}\end{pmatrix}=\begin{pmatrix}(y_R-1)/\beta_2\\ (1-y_R)\beta_1/\beta_2^2\end{pmatrix}$$

$$H(\beta)=\begin{pmatrix}\dfrac{\partial^2 h}{\partial\beta_1^2} & \dfrac{\partial^2 h}{\partial\beta_1\partial\beta_2}\\[2mm] \dfrac{\partial^2 h}{\partial\beta_1\partial\beta_2} & \dfrac{\partial^2 h}{\partial\beta_2^2}\end{pmatrix}=\begin{pmatrix}0 & (1-y_R)/\beta_2^2\\ (1-y_R)/\beta_2^2 & 2(y_R-1)\beta_1/\beta_2^3\end{pmatrix}$$

下面进入具体计算，以瓶装退化数据为例，用式(4.3.2)获得的 β 的 LSE $\hat{b}$ 代替 β，可得

$$h(\hat{b})=-0.1\times103.5106/(-0.2892)=35.7928$$

$$\zeta(\hat{b})=\begin{pmatrix}-0.1/(-0.2892)\\[1mm] \dfrac{0.1\times103.5106}{(-0.2892)^2}\end{pmatrix}=\begin{pmatrix}0.3458\\ 123.7623\end{pmatrix}$$

$$H(\hat{b})=\begin{pmatrix}0 & \dfrac{0.1}{(-0.2892)^2}\\[2mm] \dfrac{0.1}{(-0.2892)^2} & \dfrac{-0.2\times103.5106}{(-0.2892)^3}\end{pmatrix}=\begin{pmatrix}0 & 1.1956\\ 1.1956 & 855.8939\end{pmatrix}$$

最后利用式(4.2.5)和式(4.2.9)两式可获 $E(T)$和 $\mathrm{Var}(T)$的近似估计，具体是

$$\hat{E}_1^{(1)}=h(\hat{b})+\frac{1}{2}\mathrm{tr}[H(\hat{b})\hat{\Sigma}]=42.28(周)$$

$$\hat{V}_1^{(1)}=[\zeta(\hat{b})]'\hat{\Sigma}\zeta(\hat{b})-\frac{1}{4}\{\mathrm{tr}[H(\hat{b})\hat{\Sigma}]\}^2=183.77$$

类似地，在片装场合也可获得两个近似估计

$$\hat{E}_1^{(2)}=44.78(周),\quad \hat{V}_1^{(2)}=250.32$$

从上述结果看，平均货架寿命估计值 $\hat{E}_1^{(1)}$ 与 $\hat{E}_1^{(2)}$ 相差不大，但总水平不高，平均货架寿命还不到一年。其方差近似估计相差较大，但其标准差估计值相差并不大，因为

$$\hat{\sigma}_1^{(1)}=\sqrt{183.77}=13.55(周)$$

$$\hat{\sigma}_1^{(2)}=\sqrt{250.32}=15.82(周)$$

总的看来，片装药品的货架寿命略高于瓶装药品。

3)中位寿命估计

我们转入货架寿命的中位寿命 $T_{0.5}$ 的估计问题。由于该药品的货架寿命是以相对失效水平 $y_R=0.9$ 而获得的，故所有退化数据 z_{ij} 都要除以初始值 z_{i1} 后，用相对退化数据

$$z_{ij}^{(R)}=\frac{z_{ij}}{z_{i1}}$$

来考察其中位数。表 4.3.2 列出其相对退化数据，其中打 * 号为相对退化数据在 t_j 时刻的样本中位数。如在瓶装场合第 3 周测得的 5 个相对退化数据中的中位数为 0.9830。

表 4.3.2　某药品相对退化数据 $Z_{ij}^{(R)}$ 及其样本中位数

类别	i \ t_j/周	0	3	6	9	12	18
瓶装	1	1	0.9781	0.9685	0.9771	0.9485	0.9208
	2	1	0.9008	0.9933	0.9586	0.9644	0.9509*
	3	1	0.9865	0.9845*	0.9691*	0.9585*	0.9758
	4	1	0.9882	0.9961	0.9911	0.9921	0.9695
	5	1	0.9830*	0.9566	0.9529	0.9369	0.9255
片装	1	1	0.9961*	0.9892*	0.9912*	0.9971	0.9520*
	2	1	0.9675	0.9914	0.9532	0.9446	0.9274
	3	1	0.9980	0.9756	0.9922	0.9659*	0.9844
	4	1	1.0170	1.0130	0.9980	0.9910	0.9730
	5	1	0.9895	0.9734	0.9525	0.9468	0.9268

下面我们对表 4.3.2 中的样本中位数作一些分析。以瓶装数据为例，若记 t_j 时刻的样本中位数为 m_j，则成对数据

$$(t_j, m_j) \quad (j=1,2,\cdots,6)$$

的相关系数 $r=-0.97$ 还是较高的。其线性回归方程亦可算出

$$\hat{m}=0.9961-0.002723t$$

若以 m 达到 0.9 时就失效，可算得中位寿命为

$$t_{0.5}^{(1)}=\frac{0.9961-0.9}{0.002723}=35.29(\text{周})$$

类似地，对片装药品也可算得其相关系数 $r=-0.95$，回归方程为

$$\hat{m}=1.0047-0.002781t$$

其中位寿命的估计值 $t_{0.5}^{(2)}=37.63$(周)。二者相差仍在 2 周左右。

§4.4　变动失效水平的处理方法

产品的退化失效是相对某个给定的失效水平而言的，对于实际问题所提出的失效水平，退化试验往往没有失效数据或只有很少的失效数据，但是不难想到，当我们人为地变动失效水平，则可能得到较多的失效数据，有时甚至能得到全部受试样品的失效数据。例如，当退化量 $Y(t)$ 是 t 的减函数时，某个受试样品在试验了一段时间 τ 以后，相对于实际的失效水平 y_c 还没有失效，即该样品的退化量 $y(\tau)>y_c$，但相对于另一个较高的失效水平 $y'_c>y_c$，该样品则可能已经失效了，即此时有 $y(\tau)\leqslant y'_c$。这就是退化失效关于失效水平的相对性。借此我们提出一种处理退化数据的思路，具体叙述如下。

4.4.1　变动失效水平处理退化数据方法

变动失效水平处理退化数据方法的基本做法如下：

1)确定一组伪失效水平。当退化量 $y(t)$ 是 t 的增函数时，可取如下一列伪失效水平(见图 4.4.1a)

$$y_{c1}<\cdots<y_{ck}<y_c$$

当退化量 $y(t)$ 是 t 的减函数时，可取如下另一列伪失效水平(见图 4.4.1b)

$$y_{c1}>\cdots>y_{ck}>y_c$$

其中 y_c 是实际失效水平，k 可以自由选取，但至少为 3。

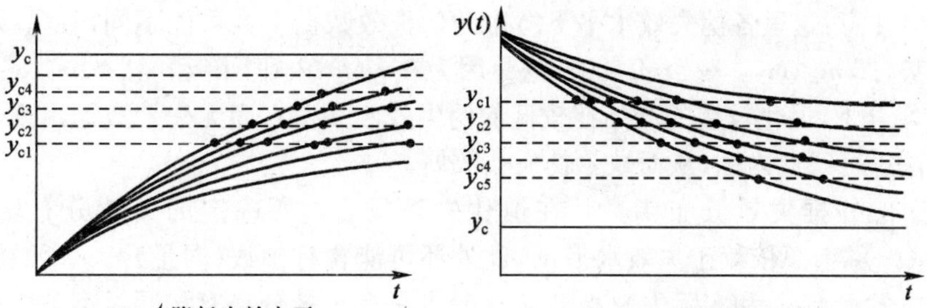

a) $y(t)$ ↗ 降低失效水平 $y_c > y_{c4} > y_{c3} > \cdots > y_{c1}$

b) $y(t)$ ↘ 提高失效水平 $y_c < y_{c5} < y_{c4} < \cdots < y_{c1}$

图 4.4.1　伪失效水平的设置

2)确定伪失效数据。每个伪失效水平 y_{cl} 与某个退化轨道(退化量) $y_i(t)$的交点的时间坐标被称为伪失效数据,它们常是如下方程的解:

$$y_{cl}=y_i(t)\quad(l=1,\cdots,k;i=1,\cdots,m)\tag{4.4.1}$$

其中 y_{cl} 为第 l 个伪失效水平,$y_i(t)$为第 i 条退化轨道,不同的伪失效水平和不同的退化轨道可以获得不同的伪失效数据,如此的伪失效数据可以获得较多。但具体操作还要分两种情况处理。

● 当轨道函数 $y(t)=y(t;\alpha,\beta)$已知,但其中还含有未知参数 α 与 β。这时首先要利用退化数据$\{z_{ij}\}$和轨道函数来寻求参数 α 的估计值 $\hat{\alpha}$ 和随机参数 β 在各轨道上的予测值 $\hat{\beta}_1,\cdots,\hat{\beta}_m$,由此可得轨道函数的估计值

$$\hat{y}_i(t)=y(t;\hat{\alpha},\hat{\beta}_i)\quad(i=1,\cdots,m)$$

用 $\hat{y}_i(t)$代替式(4.4.1)中的 $y_i(t)$,即可解得伪失效数据,具体如下:

由 $y_{c1}=\hat{y}_i(t)$可解得　$t_{11},\cdots,t_{1m}$

…　　　　　　　　　…

由 $y_{ck}=\hat{y}_i(t)$可解得　$t_{k1},\cdots,t_{km}$

● 若轨道函数 $y(\cdot)$未知,则可通过对第 i 个样品退化数据作线性内插求得伪失效数据。例如在 $y(t)$单调下降时对 y_{cl} 可找到一个 j,使得

$$z_{ij}\geqslant y_{cl}\geqslant z_{ij+1}$$

则可在(t_j,z_{ij})与(t_{j+1},z_{ij+1})两点之间作线性内插求得第 i 个样品的伪失效数据 t_{li},类似地,可对每个 i 和 l 重复上述过程,亦可得一批伪失效数据。

$$\begin{array}{lll} y_{c1}: & t_{11},\cdots,t_{1m_1} \\ \vdots & \vdots & \vdots \\ y_{ck}: & t_{k1},\cdots,t_{km_k} \end{array}$$

注意:这里各伪失效水平下所得的伪失效数据个数可能不同,且呈减少趋势,即 $m \geqslant m_1 \geqslant \cdots \geqslant m_k \geqslant 0$。这是因为在 $y(t)$ 单调下降和 $y_{c1} > \cdots > y_{ck} > y_c$ 场合下,退化较慢的产品在较低的伪失效水平左右尚无失效数据出现,故无法进行线性内插,从而缺少伪失效数据。

3)外推失效分布函数。在退化失效场合。所确定的失效分布函数 $F_T(t; y_c, \phi)$ 总依赖于失效水平 y_c,此外还可能含有参数(向量)ϕ。一般在诸伪失效水平 y_{cl} 和实际失效水平 y_c 下产品的伪失效分布有相同类型,这时可以做两件事:

● 用 y_{cl} 下的伪失效数据对 $F_T(t; y_{cl}, \phi_l)$ 中的参数(向量)ϕ_l 作出估计,记为 $\hat{\phi}_l$,这件事可对 $l=1,\cdots,k$ 重复进行。

● 寻找数对 $(y_{cl}, \hat{\phi}_l)(l=1,\cdots,k)$ 间的统计相关关系,譬如,$\hat{\phi}_l = f(y_{cl})$,则可用此关系外推 $\hat{\phi} = f(y_c)$,从而获得 y_c 下的失效分布函数 $F_T(t; y_c, \hat{\phi})$,当 $\phi = (\phi_1, \phi_2)$ 时,可设法分别对 ϕ_1 和 ϕ_2 建立两个相关关系,完成外推。

以上即为通过变动失效标准处理退化数据的方法。在求伪失效数据时有两种方法,即 $y(\cdot)$ 已知时的拟合方法和未知时的线性内插方法,两者均为对样品寿命的一种预测,前者不仅有内插,而且还有外推,故可给出全部样品寿命的预测,后者则只有线性内插,故往往只有部分产品的失效寿命。但前者计算复杂困难,而后者却很简单,这在实用上十分方便。

例 4.4.1 设退化量 $y(t)$ 为随机截矩线性退化轨道,即

$$y(t) = \beta - \alpha t \quad (\alpha > 0)$$

再设随机参数 β 服从三参数威布尔分布 $\mathrm{Wei}(m, \eta, \gamma)$,其分布函数为

$$G(\beta) = 1 - \exp\left\{ -\left(\frac{\beta - \gamma}{\eta} \right)^m \right\} \quad (\beta > \gamma)$$

若 y_c 为该产品的失效水平,则可得其失效分布函数为

$$F_T(t; y_c, \phi) = 1 - \exp\left\{ -\left(\frac{t - (\gamma - y_c)/\alpha}{\eta/\alpha} \right)^m \right\} \quad \left(t > \frac{\gamma - y_c}{\alpha} \right)$$

这仍是三参数威布尔分布,即

$$T \sim \mathrm{Wei}\left(m, \frac{\eta}{\alpha}, \frac{\gamma - y_c}{\alpha} \right)$$

若设 $\phi_1 = m, \phi_2 = \eta/\alpha, \phi_3 = (\gamma - y_c)/\alpha$,可知其形状参数 ϕ_1,尺度参数 ϕ_2 与失效水平 y_c 无关,只有门限参数 ϕ_3 与 y_c 有线性关系。

若取一列伪失效水平 $y_{c1} > \cdots > y_{ck}$,可得一批伪失效数据,用其可得 ϕ_1,

ϕ_2,ϕ_3 在各伪失效水平下的估计值,记为

$$\hat{\phi}_{11},\cdots,\hat{\phi}_{1k}$$

$$\hat{\phi}_{21},\cdots,\hat{\phi}_{2k}$$

$$\hat{\phi}_{31},\cdots,\hat{\phi}_{3k}$$

由于 ϕ_1 与 ϕ_2 与失效水平无关,故可取其均值作其估计

$$\hat{\phi}_1=\frac{1}{k}\sum_{l=1}^{k}\hat{\phi}_{1l},\quad \hat{\phi}_2=\frac{1}{k}\sum_{l=1}^{k}\hat{\phi}_{2k}$$

为求 $\hat{\phi}_3$,可先拟合如下回归直线

$$\hat{\phi}_{3l}=a+by_{cl}\quad (l=1,\cdots,k)$$

其中 $a=\gamma/\alpha,b=-1/\alpha$,这可用 a 与 b 的 LSE $\hat{a}$ 与 $\hat{b}$,即可完成。

当参数与 y_c 的关系不知道时,上述方法则有些困难,通常只能通过分析具体情况而拟配一条曲线,并对正常失效标准下的参数进行估计。

4.4.2 金属膜电阻值退化数据处理

某厂对型号规格为 RJ14－1/4W－240kΩ 的金属膜电阻器进行定级试验。该产品电阻值 $y(t)$会随工作时间的延长缓慢地增长。由技术要求规定,阻值增长量相对其初始值达到 2%,则判产品失效,即当

$$\frac{y(t)-y(0)}{y(c)}\geqslant 0.02$$

时认为失效。这里 0.02 就是相对失效水平,记为 $y_R=0.02$。

以下分几步讨论这个问题。

1)退化数据

电阻值的测量(单位:千欧)为非破坏性的,可连续测量多次。如今共投入 200 只样品参加退化试验,分别在如下 5 个测量点上测量其电阻值

$$t_1=0,\ t_2=500,\ t_3=1000,\ t_4=2000,\ t_5=4600(\text{小时})$$

记第 i 个样品在 t_j 处的退化量为 $y_{ij}=y_i(t_j)$,其测量值为

$$z_{ij}=y_{ij}+\varepsilon_{ij}\quad (i=1,\cdots,m;j=1,\cdots,n)$$

这里 $m=200,n=5,\varepsilon_{ij}$ 为测量误差,且$\{\varepsilon_{ij}\}\sim(0,\sigma_j^2)$。

全部退化数据都列于附表 1 中。对每个测量点 t_j 计算其样本均值 $\bar{z}_{\cdot j}$ 和样本标准差 $\hat{\sigma}_j$ 列于表 4.4.1 中,从这两张表中可见:

表 4.4.1 退化数据的初步统计分析

t_j	$\bar{z}_{\cdot j}=\frac{1}{m}\sum_{i=1}^{m} z_{ij}$	$\hat{\sigma}_j=\left[\frac{1}{m}\sum_{i=1}^{m}(z_{\cdot j}-\bar{z}_{\cdot j})^2\right]^{\frac{1}{2}}$	$(\bar{z}_{\cdot j}-\bar{z}_{\cdot 1})/\bar{z}_{\cdot 1}$
0	239.8400	0.7286	0
500	240.1830	0.7729	0.0014301=1.43‰
1000	240.3456	0.7894	0.0021081=2.11‰
2000	240.5295	0.8092	0.0028748=2.87‰
4600	240.8422	0.8372	0.0041786=4.18‰

- 电阻值增加缓慢，4600 小时（半年）内平均阻值只增 4‰。
- 4600 小时内无一电阻器达到失效水平，这是一个高可靠长寿命产品。
- 退化轨道呈曲线型增长（见图 4.4.2）。

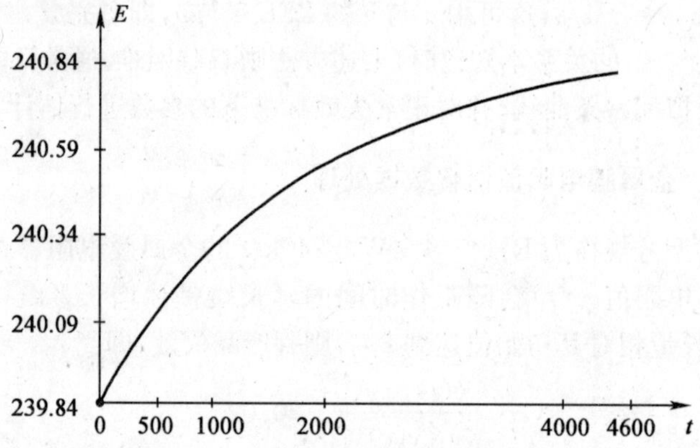

图 4.4.2 电阻值退化轨道呈曲线型增长趋势

2）如何评估此种电阻器的平均寿命

有几条路径可探索。首选的是退化轨道，用 4600 小时内的退化数据建立退化轨道函数来预测平均寿命较为困难。因从表 4.4.1 上可以看到，前 2000 小时电阻值相对只增长 2.87‰，而后 2600 小时内相对只增长 1.31‰，这表明电阻值在工作状态下增幅越来越慢，要达到 2% 的增幅至少也要10 万小时以上。用 4600 小时数据预测 10 万小时以后的情况，实在难于准确把握。

希望能有新信息可以借用。专业知识告之：电阻器的寿命分布常为三参数威布尔分布，其分布函数为

$$F_T(t;\alpha,m,\eta)=1-\exp\left\{-\left(\frac{t-\gamma}{\eta}\right)^m\right\}\quad (t>\gamma)$$

其中 γ 为门限参数，$m>0$ 为形状参数，$\eta>0$ 为特征寿命。

要利用这个分布信息就要有失效数据，可如今没有一个失效数据，但变动失效水平就可获得较多的伪失效数据。譬如把失效水平 y_c 从 2 降为 0.6 就可从附表 1 上获得 3 个伪退化数据；若再降至 0.5，就可获得 23 个伪退化数据，失效水平降得越多，伪失效数据可获得更多，详见表 4.4.2 所示。

表 4.4.2　变动失效水平所得伪失效数据个数

序号 l	1	2	3	4	5	6
伪失效水平 y_{Rl}/‰	0.1	0.2	0.3	0.4	0.5	0.6
伪失效数 r_l	200	197	190	124	23	3

这些伪失效数据均可用附表 1 上的退化数据作线性内插获得。由于变动失效水平不会涉及，更不会改变电阻器的退化机理，从而也不会改变失效分布。所以在不同的伪失效水平 y_{cl} 下的伪失效分布与 y_c 下的失效分布的类型相同，不同的只是其所含参数。譬如在伪失效水平 y_{cl} 下的伪失效分布仍为三参数威布尔分布 $\mathrm{Wei}(\gamma_l,m_l,\eta_l)$　$(l=1,\cdots,k)$。

3）伪失效数据

在相对失效水平 y_R 下使用线性内插法要注意的一些问题。

首先应用第 i 个电阻器的退化数据计算时刻 t 的相对退化量

$$w_i(t)=\frac{z_i(t)-z_i(0)}{z_i(0)}$$

并用此来判断在什么时间段应内插获得伪失效数据。

如由第 1 号电阻器的退化数据（见附表 1）可算得如下相对退化量：

t	0	500	1000	2000	4600
$z_1(t)$	239.3	239.5	239.7	239.8	240.1
$w_1(t)$/‰	0	0.84	1.67	2.09	3.34

由表中可见，在(2000,4600)时间段内应对伪失效水平 $y_{R3}=0.3$ 插入一个伪失效数据 t_3；在(1000,2000)时间段内应对伪失效水平 $y_{R2}=0.2$ 插入一个伪失效数据 t_2；在(500,1000)时间段内应对伪失效水平 $y_{R1}=0.1$ 插入一个伪失效数据 t_1。这样一来，应在不同伪失效水平下共插入 3 个伪失效数据 t_3、t_2 和 t_1，其中 t_3 可从如下比例式中求出

$$\frac{3.34-2.09}{4600-2000}=\frac{3-2.09}{t_3-2000},\quad t_3=3893(\text{小时})$$

类似地,可在 0.2 和 0.1 伪失效水平下列出比例式,求出 $t_2=1786$,$t_1=595$。

再如由第 3 号电阻器的退化数据(见附表 1)可算得如下相对退化量:

t	0	500	1000	2000	4600
$z_3(t)$	241.0	241.5	241.7	241.9	242.3
$w_3(t)/‰$	0	2.075	2.905	3.734	5.394

可见,应在(2000,4600)时间段内对伪失效水平 $y_{R5}=0.5$ 和 $y_{R4}=0.4$ 各插入一个伪失效数据 t_5 与 t_4,它们分别由下列比例式获得

$$\frac{5.394-3.734}{4600-2000}=\frac{5-3.734}{t_5-2000}=\frac{4-3.734}{t_4-2000}$$

解之可得 $t_5=2983$,$t_4=2417$。

类似地,可在(1000,2000)时间段内对伪失效水平 $y_{R3}=0.3$ 插入一个伪失效数据 t_3,经计算应为 $t_3=1475$;还在(0,500)时间段内对伪失效水平 $y_{R2}=0.2$ 和 $y_{R1}=0.1$ 各插入一个伪失效数据 t_2 和 t_1,经计算可得 $t_2=482$,$t_1=241$。

如此对附表 1 中每一号电阻器的退化数据进行线性插值,可得表 4.4.2 上所列的各伪失效数据。

4)用伪失效数据作分布中参数估计

首先指出:在伪失效水平 y_{Rl} 下所得的 r_l 个伪失效数据组成一个容量为 200 的定时右截尾样本,截尾时间为 4600 小时,其余 $200-r_l$ 个样品在 4600 小时内仍在退化中,尚未达到伪失效水平 y_{Rl}。若把这 r_l 个伪失效数从小到大排序可得如下有序截尾样本:

$$t_{l1}\leqslant t_{l2}\leqslant\cdots\leqslant t_{l}r_l\leqslant 4600\quad(l=1,\cdots,6)$$

现要用此有序截尾样本对威布尔分布 Wei(γ_l,m_l,η_l)中的三个参数作出估计。

按门限参数的含义,用有序截尾样本中的最小者作为 γ_l 的估计,即

$$\hat{\gamma}_l=t_{l1}$$

其他两个参数 m_l 与 η_l 可用最小二乘法获得,当然也可用最大似然法,在大样本场合二者结果相差不大,但最小二乘法计算方便。

对有序截尾样本中每个值 t_{li} 计算其分布函数值

$$F_T(t_{li})=1-\exp\left\{-\left(\frac{t_{li}-t_{l1}}{\eta}\right)^m\right\}\quad(i=2,3,\cdots,r_l)$$

上式左端分布函数值 $F_T(t_{li})=P(T\leqslant t_{li})$ 可用修正频率 $i/(n+1)=\hat{F}_{li}$ 作出估计，这样一来，上述等式可改写为

$$\exp\left\{-\left(\frac{t_{li}-t_{l1}}{\eta}\right)^m\right\}=1-\hat{F}_{li}$$

若对上式两端取二次对数，可得

$$\ln(t_{li}-t_{l1})=\ln\eta+\frac{1}{m}\ln\ln\frac{1}{1-\hat{F}_{li}}$$

再记

$$\ln\eta=a,\quad \frac{1}{m}=b,\quad \ln(t_{li}-t_{l1})=u_i,\quad \ln\ln\frac{1}{1-\hat{F}_{li}}=v_i$$

可得一元线性回归模型

$$u_i=a+bv_i\quad(i=2,3,\cdots,r_l)$$

记 a 与 b 的最小二乘估计为 $\hat{a}$ 与 $\hat{b}$，则可得形状参数 m 与尺度参数 η 的估计。

$$\hat{m}=1/\hat{b},\quad \hat{\eta}=e^{\hat{a}}$$

上述过程可对每一个伪失效水平 $y_{Rl}(l=1,\cdots,5)$ 重复进行。但对仅有 3 个截尾数据(伪失效水平 $y_{Rl}=0.6$)场合不再重复，因数据过少。综合上述所得的参数估计结果列于表 4.4.3 中。

表 4.4.3　威布尔分布参数估计结果

y_{Rl}	r_l	$\hat{\alpha}_l$	$\hat{m}_l$	$\hat{\eta}_l$
0.1	200	14	2.285	276
0.2	197	201	2.281	922
0.3	190	356	2.375	2343
0.4	124	653	2.829	4219
0.5	23	1057	2.316	9837

5)外推

我们的目标是要寻求失效水平 $y_R=2$ 时的威布尔分布的各参数值，这可用表 4.4.3 上的各伪失效水平下的参数值进行外推。

从表 4.4.3 上可看出，各伪失效水平下的形状参数 m 的估计值较为接

近，可认为 m 与各失效水平无关。故可取其均值作为 m 的估计。即

$$\hat{m}=\sum_{l=1}^{5}\frac{\hat{m}_l}{5}=2.417$$

另两个参数(门限参数 γ 与尺度参数 η)的估计值随着伪失效水平 y_{Rl} 的增长而成倍增大，为了寻找简单的外推公式，可试算各种相关系数，如

- 数对($\ln\gamma_l,\ln y_{Rl}$)($l=1,\cdots,5$)的相关系数为 0.96。
- 数对($\ln\gamma_l,\ln y_{Rl}$)($l=1,\cdots,5$)的相关系数为 0.99。

这两个相关系数表明：可以建立如下两个外推回归模型：

$$\ln\gamma_l=a_1+b_1\ln y_{Rl}\quad(l=1,\cdots,5)$$
$$\ln\eta_l=a_2+b_2\ln y_{Rl}\quad(l=1,\cdots,5)$$

用表 4.4.3 上的数据可获得两个系数 a 与 b 的估计 $\hat{a}$ 与 $\hat{b}$，并由此作出 $y_R=2$ 的外推值，这些都列于表 4.4.4 上。

表 4.4.4 外推回归模型系数及外推值

参数	$\hat{a}$	$\hat{b}$	相关系数	$y_R=2$ 的外推值
$\hat{\gamma}$	7.5901	1.2469	0.96	4696
$\hat{\eta}$	10.4486	2.1554	0.99	153681

最后由三个参数的估计值 $\hat{\gamma}=4696,\hat{m}=2.417,\hat{\eta}=153681$ 可得平均寿命估计值

$$\hat{E}(T)=\hat{\gamma}+\hat{\eta}\Gamma\left(1+\frac{1}{\hat{m}}\right)=140857\text{ 小时(16.08 年)}$$

这个结果还要受到实践的检验。其中 $\Gamma\left(1+\frac{1}{\hat{m}}\right)=0.886$ 可从伽玛函数表中查得。

4.4.3 晶体管参数退化数据处理

某单位对型号为 CG36A 的一种晶体管进行退化寿命试验，投入 100 个样品进行试验，这里是非破坏性测量，对于每个样品均在以下时点(单位：小时)：

$t_1=0,\quad t_2=1,\quad t_3=3,\quad t_4=10,\quad t_5=30$

$t_6=100,\quad t_7=250,\quad t_8=500,\quad t_9=1000$

进行 9 次测量，测得的退化数据见附表 2，从所测量的结果以及该退化量的物理性能来看，这里的退化量随时间的变化是增加的，根据技术上的要求规定，若退化量相对于初始值增长变化达到 40%，则产品失效，记第 i 只样品

的退化数据为 $z_i(t)$，相对退化量为

$$W_i(t)=\frac{z(t)-z_i(0)}{z_i(0)}\geqslant 40\%$$

时产品失效，相对失效水平 $y_R=40\%$，现在要求估计产品的平均寿命。

对数据的初步分析和观察不难看出以下几点：

1)第 100 号样品的数据十分异常。在 $t_9=1000$ 小时，退化量仅增长 1.25%，而在此以前一直是负增长，因而该产品的寿命若按此数据推算将异常地大于其他产品，我们删去 100 号样品，而只有 99 个样品的数据。

2)产品退化轨道是非线性，但目前在专业技术上并不能提供退化轨道的形式。

3)样品量很大，测量点较密，这对提高统计分析的精度是有利的。

下面用变动失效水平方法(§4.4)来处理这批数据。选用如下 6 个伪失效水平，可从附表 2 上获得一批伪失效数据。详见表 4.4.5。

表 4.4.5　变动失效水平所得伪失效数据个数

序号 l	1	2	3	4	5	6
伪失效水平 y_{Rl}/%	5	10	15	20	25	30
伪失效数 r_l	97	96	91	74	48	35

这批伪失效数据可用§4.4.2(3)中的线性插值方法获得，然后按伪失效水平分类，在同类中再按从小到大排序，可得每个伪失效水平下的定时右截尾有序样本。其样本量均为 99，截尾时间为 1000 小时，截尾数如表 4.4.5 所示。

大家知道，晶体管寿命分布为双参数威布尔分布 Wei(m,η)，且在第 l 个伪失效水平 y_{Rl} 下此分布为 Wei(m_l,η_l) $(l=1,\cdots,6)$。利用最小二乘法可得其中两个参数 m_l,η_l 的最小二乘估计，结果列于表 4.4.6 上。

表 4.4.6　各 y_{Rl} 下威布尔分布参数估计结果

y_{Rl}	F_l	$\hat{m}_l$	$\hat{\eta}_l$
5	97	0.54336	3
10	96	0.55588	18
15	91	0.60554	178
20	74	0.52730	601
25	48	0.54065	1996
30	35	0.63172	4651

从表 4.4.6 上可见，各伪失效水平下的形状参数估计值基本不变，可认为 m 不受伪失效水平变化的影响，可看成常数，故取其均值作为 m 的估计。

$$\hat{m}=\frac{1}{6}\sum_{l=1}^{6}\hat{m}_l=0.5674$$

而尺度参数 η_l 的估计随着伪失效水平 y_{Rl} 变化而成倍增长。计算数对 $(\ln\hat{\eta}_l,\ln y_{Rl})(l=1,\cdots,6)$ 的相关系数可知 $r=0.989$。相关系数相当高，可以建立如下回归模型

$$\ln\hat{\eta}_l=a+b\ln y_{Rl}\quad(l=1,\cdots,6)$$

利用最小二乘法可得两回归系数估计

$$\hat{a}=-6.1853,\quad \hat{b}=4.2292$$

利用回归方程 $\ln\eta_l=-6.1853+4.2292\ln y_{Rl}$ 可以预测失效水平 $y_R=40(\%)$ 下的尺度参数 η

$$\ln\hat{\eta}=-6.1853+4.2292\ln 40=9.4157$$

$$\hat{\eta}=12280(\text{小时})$$

最后，由估计值 $\hat{\eta}=12280$，$\hat{m}=0.5674$，$\Gamma\left(1+\frac{1}{m}\right)=1.7535$ 可算得 $y_R=40(\%)$ 下晶体管的平均寿命的估计值

$$\hat{E}(T)=\hat{\eta}\Gamma\left(1+\frac{1}{\hat{m}}\right)=21533\text{ 小时}$$

这个结果已被工程界认可。

附表 4.1　金属膜电阻值退化数据

No.	0	500	1000	2000	4600
1	239.5	239.5	239.7	239.8	240.1
2	239.3	239.6	239.7	239.8	240.1
3	241	241.5	241.7	241.9	242.3
4	240	240.4	240.6	240.8	241.1
5	239.1	239.6	239.6	239.8	240
6	240.8	241.1	241.3	241.5	241.8
7	240.5	240.9	241.1	241.3	241.8
8	241.4	241.9	242.2	242.4	242.8
9	239.2	239.4	239.6	239.7	240
10	239.8	240.1	240.3	240.5	240.8
11	240.4	240.8	241	241.1	241.4
12	240.2	240.5	240.7	240.9	241.1
13	239.9	240.2	240.3	240.5	240.8
14	239.8	240.2	240.3	240.5	240.8
15	240.6	241	241.1	241.3	241.7
16	239.8	240.1	240.2	240.4	240.7
17	239.1	239.4	239.6	239.7	240
18	241.4	241.8	242	242.2	242.5
19	239.7	240	240.1	240.3	240.6
20	239.7	240	240.1	240.3	240.5
21	240.3	240.6	240.8	241	241.3
22	238.6	238.9	239.1	239.2	239.4
23	240.5	241	241.1	241.4	241.7
24	239.5	239.9	240	240.2	240.4
25	239.2	239.6	239.7	239.9	240.2
26	239.1	239.4	239.5	239.7	239.9
27	240.3	240.7	240.8	241	241.2
28	241.2	241.8	242	242.3	242.7
29	240.7	241.1	241.2	241.4	241.8
30	239.7	240.2	240.3	240.5	240.8

附表 4.1(续 1)

No.	0	500	1000	2000	4600
31	239.4	239.7	239.8	240	240.3
32	239	239.3	239.5	239.6	239.8
33	238.7	239	239.2	239.4	239.7
34	240.4	240.8	241	241.2	241.6
35	240	240.3	240.5	240.7	241.1
36	241.8	242.3	242.5	242.7	243
37	239.8	240.1	240.3	240.4	240.7
38	239.5	239.8	239.9	240	240.2
39	239.5	239.8	240	240.1	240.3
40	240.8	241.2	241.4	241.6	242
41	239.4	239.4	239.5	239.5	240.3
42	240.5	240.5	240.8	241	241.4
43	240.1	240.4	240.5	240.6	240.9
44	239.2	239.4	239.6	239.7	240
45	239.8	240.1	240.3	240.5	240.8
46	240.7	241	241.2	241.4	241.7
47	240.3	240.9	240.7	240.9	241.2
48	239.7	240	240.2	240.3	240.5
49	239.9	240.5	240.7	240.9	241.3
50	239.9	240.2	240.3	240.5	240.8
51	238.5	238.8	238.9	239	239.2
52	240.8	240.9	241.1	241.4	241.7
53	240.7	241	241.2	241.4	241.7
54	239.3	239.7	239.9	240.1	240.5
55	240.3	240.5	240.9	241.2	241.6
56	240	240.4	240.5	240.7	241
57	241.3	241.7	241.9	242.1	242.5
58	241.7	242.2	242.3	242.6	242.9
59	240	240.3	240.4	240.6	240.9
60	239.6	240.2	240.5	240.7	241

附表 4.1(续 2)

No.	0	500	1000	2000	4600
61	240	240.3	240.5	240.6	240.9
62	239.7	240	240.1	240.3	240.5
63	239.2	239.6	239.7	239.9	240.2
64	239.4	239.8	240	240.2	240.6
65	240	240.3	240.5	240.7	240.9
66	239.8	240.1	240.2	240.4	240.6
67	239.7	239.9	240	240.2	240.5
68	238.8	239.1	239.2	239.4	239.6
69	239.8	240.3	240.5	240.7	241
70	238.5	238.8	238.9	239.1	239.3
71	239.4	239.7	239.8	240	240.3
72	240.8	241.1	241.3	241.5	241.8
73	238.5	238.9	239	239.2	239.5
74	240.3	240.7	240.8	241.1	241.4
75	239.9	240.2	240.4	240.6	240.9
76	240.7	241.1	241.3	241.5	241.8
77	238.7	239.2	239.3	239.5	239.9
78	239.4	239.9	240.1	240.3	240.8
79	239.2	239.5	239.6	239.8	240.1
80	240.7	241.1	241.3	241.5	241.8
81	238.2	238.5	238.6	238.7	238.9
82	239.4	239.8	240	240.2	240.5
83	239.3	239.6	239.7	239.9	240.2
84	238.9	239.2	239.3	239.5	239.8
85	240.1	240.5	240.7	240.9	241.2
86	239.7	240.1	240.3	240.5	240.8
87	239.5	239.9	240	240.2	240.5
88	240.2	240.5	240.6	240.8	241.1
89	240.4	240.8	241	241.1	241.4
90	240.6	241	241.2	241.3	241.6

附表 4.1(续 3)

No.	0	500	1000	2000	4600
91	239	239.4	239.5	239.6	239.8
92	239.1	239.5	239.7	239.9	240.2
93	238.7	238.9	239	239.2	239.5
94	238.5	238.9	239	239.2	239.5
95	240.3	240.6	240.8	241	241.3
96	240.4	240.8	241	241.2	241.5
97	240.2	240.6	240.7	241	241.3
98	240.1	240.4	240.6	240.7	241
99	240.6	241	241.2	241.5	241.8
100	238.7	239.1	239.3	239.5	239.8
101	239.7	239.7	240.1	240.2	240.7
102	239.3	239.3	239.7	239.9	240.3
103	239.4	239.7	239.9	240	240.2
104	239.3	239.7	239.9	240.1	240.4
105	239.1	239.4	239.6	239.8	240.1
106	240.7	241.1	241.3	241.5	241.8
107	239.7	240	240.1	240.3	240.5
108	238.7	238.7	238.8	238.9	239
109	239.2	239.5	239.7	239.9	240.2
110	239.8	240	240.2	240.4	240.8
111	239.4	239.7	239.9	240.1	240.4
112	238.9	239	239.1	239.2	239.3
113	239.2	239.6	239.8	240	240.3
114	240.2	240.6	240.7	240.9	241.2
115	239.1	239.3	239.4	239.5	239.9
116	239.5	239.8	240	240.1	240.4
117	239.9	240.3	240.5	240.7	241
118	240.7	241.1	241.4	241.6	241.9
119	239.8	240.2	240.3	240.5	240.8
120	239.1	239.5	239.6	239.8	240

附表 4.1(续 4)

No.	0	500	1000	2000	4600
121	239.1	239.5	239.6	239.7	240
122	238.8	239.1	239.2	239.4	239.7
123	240.6	241.1	241.3	241.5	241.9
124	240.4	240.9	241.1	241.3	241.7
125	240	240.3	240.4	240.6	240.9
126	238.9	239.1	239.3	239.4	239.7
127	239.2	239.5	239.7	239.8	240.1
128	239.5	239.8	239.9	240.1	240.5
129	241.6	242	242.2	242.4	242.8
130	240.8	241.3	241.4	241.6	242
131	241	241.4	241.5	241.7	242.1
132	238.6	238.9	239.1	239.2	239.6
133	239.7	240	240.1	240.3	240.6
134	240.1	240.4	240.5	240.7	241
135	239.7	239.9	240	240.2	240.5
136	239.5	239.8	240	240.1	240.4
137	241.1	241.4	241.6	241.8	242.2
138	240.5	241	241.2	241.4	241.7
139	240.3	240.5	240.7	240.9	241.2
140	240.7	241	241.2	241.4	241.7
141	238.8	239.2	239.4	239.5	239.9
142	240.1	240.5	240.6	240.8	241.2
143	239.6	239.9	240.1	240.3	240.6
144	241.3	241.7	241.8	242	242.3
145	239.7	240	240.1	240.2	240.5
146	239.1	239.5	239.6	239.8	240.1
147	238.8	239	239.2	239.3	239.5
148	239.1	239.4	239.6	239.8	240.1
149	241.8	242.3	242.6	242.8	243.3
150	239.9	240.2	240.4	240.6	240.9

附表 4.1(续 5)

No.	0	500	1000	2000	4600
151	239.8	240.1	240.3	240.5	240.8
152	239.6	239.9	240	240.2	240.5
153	240.7	241	241.1	241.3	241.6
154	240.6	241	241.1	241.3	241.6
155	240.1	240.2	240.3	240.4	240.5
156	239.3	239.6	239.8	240	240.3
157	240.1	240.4	240.6	240.8	241.2
158	239.6	240	240.2	240.4	240.7
159	240	240.3	240.5	240.7	241
160	240.5	240.8	241	241.2	241.5
161	239.4	239.8	239.9	240.1	240.4
162	240.9	241.3	241.5	241.7	242.1
163	239.9	240.2	240.4	240.6	240.9
164	240.5	240.9	241.1	241.2	241.6
165	239.8	240.2	240.3	240.5	240.9
166	239.2	239.5	239.7	239.8	240.1
167	241.4	241.8	242	242.2	242.6
168	239	239.3	239.4	239.6	239.8
169	239.7	239.9	240.1	240.2	240.6
170	240	240.4	240.6	240.8	241.1
171	239.9	240.4	240.6	240.8	241.2
172	239.4	239.8	240	240.1	240.6
173	240.3	240.7	240.8	241	241.4
174	239.9	240.3	240.5	240.7	241
175	240.4	240.8	241	241.2	241.5
176	240.3	240.6	240.8	241	241.3
177	239.7	240.1	240.3	240.5	240.8
178	239.2	239.6	239.8	239.9	240.3
179	241.2	242	242.2	242.5	242.8
180	240	240.3	240.5	240.7	241.1

附表 4.1(续 6)

No.	0	500	1000	2000	4600
181	239.7	239.8	240	240.1	240.4
182	240	240.5	240.7	241	241.3
183	238.8	239.1	239.3	239.4	239.8
184	239.8	240.3	240.5	240.7	241.1
185	239.7	240.1	240.3	240.5	240.8
186	240.1	240.3	240.5	240.6	240.9
187	239.5	239.9	240.1	240.3	240.6
188	239.6	240.1	240.3	240.5	240.8
189	240.4	240.8	241	241.1	241.5
190	240.9	241.3	241.4	241.6	241.9
191	239.6	240	240.2	240.4	240.8
192	239.5	239.9	240.1	240.3	240.6
193	238.5	238.7	238.9	238.9	239.1
194	239.5	239.8	240	240.2	240.5
195	239.4	239.6	239.1	239.9	240.1
196	240.3	240.7	240.9	241.1	241.4
197	239.8	240.1	240.2	240.4	240.7
198	239.9	240.3	240.5	240.7	241.1
199	239.3	239.5	239.7	239.8	240.1
200	239.2	239.5	239.7	239.9	240.2

附表 4.2　晶体管参数的退化数据

No.	0	1	3	10	30	100	250	500	1000
1	50	53	57	61	68	79	87	94	102
2	64	66	68	70	73	75	79	81	84
3	44	48	49	49	51	51.5	53	53.5	54.5
4	40	43	44	46	48.5	50.5	53	54	56
5	38	40	41	41	42	43	44	44.5	46
6	68	69	71	72	75	77	80	81	82
7	56	57.5	59	59	61	62	64	65	66

附表 4.2(续 1)

No.	0	1	3	10	30	100	250	500	1000
8	76	87	93	99	108	117	128	132	137
9	48	51	51	54	55	56.5	59	59.5	61
10	78	78	79	79	79	80	83	83.5	84.5
11	85	94	98	100	103	106	111	113	117
12	75	83	88	91	96	102	106	109	114
13	54	55	55	57	57.5	58.5	61	61.5	63.5
14	55	55.5	57	57	58.5	60	63	64	66
15	60	63	65	66	67	68.5	70	70.5	72
16	45	45	46	47	48	50	52.5	54	56.5
17	98	107	110	115	118	122	127	131	133
18	35	41	42	44	45	47	49	50	51.5
19	80	85	89	94	101	109	118	124	131
20	31	32	33	34	35	36	37	37.5	38.5
21	58	63	65	67	69	71	73	74.5	76
22	50.5	50	51	52	52	53.5	55.5	56.5	58.5
23	61	62	63.5	65	66	67	69	70	71.5
24	80	83	84.5	87	89	93	96	98	101
25	42	42.5	43	43.5	45	46	47.5	48.5	49.5
26	40	46	50	54	58	62	66	68.5	71
27	46	47	48	49	50	51.5	53	54	55.5
28	37	37	38	39	39	40	43.5	50	60
29	111	112	115	119	123	128	136	143	151
30	37	37	38	38	39	40	41	42	43
31	137	138	142	145	148	152	157	162	169
32	87	93	95	97	100	101	103	104	106
33	83	86	87	89	92	95	98.5	101	103
34	51	56	57	58	60	61	62.5	63	64.5
35	62	66	69	73	79.5	86	91	96	102
36	64	73	75	78	80	83	84.5	85	86
37	66	70	71	72	74.5	76.5	79	81	82.5
38	41.5	43	43.5	45	46.5	48	49.5	50.5	52

附表 4.2(续 2)

No.	0	1	3	10	30	100	250	500	1000
39	102	109	114	125	133	143	155	164	176
40	33	35	36	38	39.5	41	43	44	45
41	58	61.5	63	64	65.5	67	69	69.5	70.5
42	45	45	45	45	46	46.5	48	48.5	49.5
43	57	58	58	58	59	60	61.5	62	63
44	86	87	88	89	92	94	96	97.5	99
45	72	73	74	75	77	79.5	81.5	82.5	85
46	48	52	53	56	58	61	63.5	64.5	66.5
47	114	117	118	121	125	128	133	137	141
48	129	138	141	145	148	154	159	163	167
49	57	64	67	70	74	78.5	81.5	84	86.5
50	48	50	51	52	54	55	56.5	57.5	59
51	49	50	52	53	55	57	59.5	60	61
52	45	43	45	47	48.5	51.5	54	55.5	57
53	52	53	54	55	55	57	58.5	59	61
54	60	61	62	63	64	66	68.5	69	71
55	82	84	84	86	87	89.5	92	93.5	96.5
56	34	36	36.5	38	40	42.5	45	47	49.5
57	52	53	55	58	60	63.5	66.5	68	70
58	54	58	60	62	63.5	65	67	67.5	69
59	59	62	64	66	68	70	72	72.5	73.5
60	87	88	89	93	94.5	97	100	101	104
61	51	51	53	55	56.5	58	60	60.5	61.5
62	77	80	82	83	86.5	89.5	92.5	95	98.5
63	100	106	112	117	123	129	135	130	144
64	74	76	78	80	83	85	88.5	90	93
65	35	37	38.5	40	42	44	46.5	47.5	49.5
66	88	89	88	90	93	94.5	99	101	105
67	82	87	88	91	94	96	99.5	101	103
68	44	46	46.5	47	49	50	51.5	52.5	54
69	195	204	208	216	228	240	258	273	297

附表 4.2(续 3)

No.	0	1	3	10	30	100	250	500	1000
70	52	53	54	56	57	59	61	62	63
71	76	82	84	87	90.5	94.5	98.5	101	102
72	93	96	97	99	101	101	103	104	106
73	96	101	103	107	113	117	121	124	127
74	59	67	70	73	77	81	84.5	86.5	89.5
75	58	60	61	62	63.5	65	66.5	68	70.5
76	42	42	43	44	45	46.5	47.5	48.5	50
77	58	61	62	63	65.5	69	71.5	74.5	78
78	55	57	58	58	60	62	64	65	66.5
79	82	85	87	89	91	94	96	97	99
80	58	57	58	58	57	58	59	59.5	60.5
81	45	45	46	47	49	51	52	53	54.5
82	44	44	44	45	46	48	49	49.5	50
83	51	52	55	58	60.5	63.5	66	67	69
84	42	43	44	45	46	48	49.5	50	51
85	58	64	68	72	76.5	80.5	83.5	86	89.5
86	72	71.5	72	74	76.5	80	83.5	86	89.5
87	58	59	60	62	64	66.5	69	70	71.5
88	48	48	49.5	50	52.5	53	54	54.5	55.5
89	53	52	53.5	54	56.5	58	60	61	62.5
90	63	61.5	62	62	63	63	63.5	64	64.5
91	138	142	144	150	153	157	161	166	172
92	113	121	125	132	138	147	154	160	166
93	64	64	66	67	68	70	72	74	76
94	45	44	45	46	47	48	49	50	50.5
95	129	134	138	143	150	159	165	174	181
96	56	62	66	72	78	85	91	96.5	100
97	71	74	77	79	81.5	84	86	89	89
98	114	122	124	130	135	142	145	152	155
99	40	40.5	41.5	43	44	45.5	46.5	47.5	48
100	80	78	78	77	78	78	79	79.5	81

第五章

退化数据的变换及其有关推断

在连续测量退化数据场合常会遇到一个棘手问题:在一条退化轨道上测得的退化数据间常具有自相关性,且测量时间相隔越近,自相关程度越大。这对使用最小二乘法(或最大似然法)是有害的。如何把相关数据转化为不相关数据是统计学家关心问题。Fuller and Battese(1973)研究了这个问题,对线性模型提出一个线性变换,相关数据经过此变换可转化为不相关数据,然后再用最小二乘法获得各参数估计。

下面结合随机斜率退化模型来讨论这个问题。

§5.1 模型及其变形

设有 m 个样品参加退化试验,其退化量可连续测量,又设第 i 个样品的测量时间为

$$t_{i1}<t_{i2}<\cdots<t_{in_i}\quad(i=1,\cdots,m)$$

在随机斜率退化模型中,退化数据可用如下统计模型描述。

$$z_{ij}=a+\beta_i t_{ij}+e_{ij}\quad(i=1,\cdots,m;j=1,\cdots,n_i)\tag{5.1.1}$$

其中 a 为固定参数,β 为随机参数,$\beta_1,\cdots,\beta_m$ 是来自(b,σ_b^2)的一个样本,记为$\{\beta_i\}\overset{iid}{\sim}(b,\sigma_b^2)$,类似地,随机误差$\{e_{ij}\}\overset{iid}{\sim}(0,\sigma_e^2)$,且 β 与 ε 相互独立。

下面我们把含随机参数线性模型(5.1.1)转化为固定参数模型。为此在式(5.1.1)中加入$\pm bt_{ij}$二项,然后把随机项都并入误差项,即

$$z_{ij}=a+bt_{ij}+\varepsilon_{ij}\quad(i=1,\cdots,m;j=1,\cdots,n)\tag{5.1.2}$$

其中随机误差项

$$\varepsilon_{ij}=e_{ij}+(\beta_j-b)t_{ij}\quad(i=1,\cdots,m;j=1,\cdots,n_i)$$

且

$$
\begin{aligned}
&E(\varepsilon_{ij})=0\\
&\mathrm{Var}(\varepsilon_{ij})=\mathrm{Var}(e_{ij})+t_{ij}^2\mathrm{Var}(\beta_i)\\
&\qquad\quad=\sigma_e^2+t_{ij}^2\sigma_b^2\hat{=}v_{ij}\\
&\mathrm{Cov}(\varepsilon_{ij},\varepsilon_{ij'})=E(\varepsilon_{ij}\varepsilon_{ij'})-E(\varepsilon_{ij})E(\varepsilon_{ij'})\\
&\qquad\qquad\quad=E[(e_{ij}+(\beta_i-b)t_{ij})(e_{ij'}+(\beta_i-b)t_{ij'})]\\
&\qquad\qquad\quad=E[(e_{ij}e_{ij'}+(\beta_i-b)^2t_{ij}t_{ij1}]\\
&\qquad\qquad\quad=t_{ij}t_{ij'}\sigma_b^2
\end{aligned}
$$

可见,模型(5.1.2)中各项 z_{ij} 与 $z_{ij'}$ 是相关的。下面我们把二维数据 $\{z_{ij}\}$ 拉直成向量数据,再改写式(5.1.2),为此设

$$
z_i\hat{=}\begin{pmatrix}z_{i1}\\ \vdots\\ z_{in_i}\end{pmatrix}\quad(i=1,\cdots,m),\quad Z\hat{=}\begin{pmatrix}z_1\\ \vdots\\ z_m\end{pmatrix}
$$

$$
\varepsilon_i\hat{=}\begin{pmatrix}\varepsilon_{i1}\\ \vdots\\ \varepsilon_{in_i}\end{pmatrix}\quad(i=1,\cdots,m),\quad \varepsilon\hat{=}\begin{pmatrix}\varepsilon_1\\ \vdots\\ \varepsilon_m\end{pmatrix}
$$

$$
X_i\hat{=}\begin{pmatrix}1 & t_{i1}\\ \vdots & \vdots\\ 1 & t_{in_i}\end{pmatrix}\hat{=}(\mathbf{1}_{ni},t_i),\quad \mathbf{1}_{ni}=\begin{pmatrix}1\\ \vdots\\ 1\end{pmatrix},\quad t_i=\begin{pmatrix}t_{i1}\\ \vdots\\ t_{in_i}\end{pmatrix}
$$

$$
X\hat{=}\begin{pmatrix}X_1\\ \vdots\\ X_m\end{pmatrix},\quad \theta\hat{=}\begin{pmatrix}a\\ b\end{pmatrix}
$$

在上述记号下,模型(5.1.2)可改为如下方差分量模型

$$
Z=X\theta+\varepsilon \tag{5.1.3}
$$

$$
\begin{cases}
E(Z)=X\theta\\
\mathrm{Var}(Z)=V=\begin{pmatrix}V_1 & & & 0\\ & V_2 & & \\ & & \ddots & \\ 0 & & & V_m\end{pmatrix},\quad V_i=\sigma_e^2I_{ni}+\sigma_b^2t_it_i'
\end{cases}
$$

在 $\sigma_e^2\geqslant 0$ 和 $\sigma_b^2>0$ 时 V 是 $N\times N$ 阶矩阵,其中

$$
N=n_1+\cdots+n_m
$$

$$V_i=\mathrm{Var}(z_i)=\begin{pmatrix}\sigma_e^2+t_{i1}^2\sigma_b^2 & t_{i1}t_{i2}\sigma_b^2 & \cdots & t_{i1}t_{in_i}\sigma_b^2\\ & \sigma_e^2+t_{i2}^2\sigma_b^2 & \cdots & t_{i2}t_{in_i}\sigma_b^2\\ & & \ddots & \vdots\\ \text{对称部分} & & & \sigma_e^2+t_{in_i}^2\sigma_b^2\end{pmatrix}$$

$$=\sigma_e^2 I_{n_i}+\sigma_b^2 t_i t'_i$$

$$V=\begin{pmatrix}V_1 & & & 0\\ & V_2 & & \\ & & \ddots & \\ 0 & & & V_m\end{pmatrix}=\sigma_e^2 I_N+\sigma_b^2\begin{pmatrix}t_1t'_1 & & & 0\\ & t_2t'_2 & & \\ & & \ddots & \\ 0 & & & t_mt'_m\end{pmatrix}$$

可见，σ_e^2 与 σ_b^2 是模型(5.1.3)的两个方差分量，这样就把含有随机参数线性模型(5.1.1)转化为方差分量模型(5.1.3)。

如何从方差分量模型(5.1.3)获得未知参数 $\theta=(a,b)'$ 的最小二乘估计呢？这要看模型中各种参数的情况而言，下面罗列几种情况：

1)若 σ_e^2 与 σ_b^2 已知，且协方差阵 V 正定，则模型(5.1.3)中参数 θ 的 BLUE 为

$$\hat{\theta}=(X'V^{-1}X)^{-1}(X'V^{-1}Z)$$

2)若 $\sigma_e^2\ll\sigma_b^2$，即测量误差相对于样品间的差异较小，甚致可以忽略，这时可认为 $\sigma_e^2=0$。于是 $V_i=\sigma_b^2 t_i t'_i$，且模型(5.1.3)可简化为

$$\begin{cases}E(Z)=X\theta\\ \mathrm{Var}(Z)=V=\begin{pmatrix}V_1 & & 0\\ & \ddots & \\ 0 & & V_m\end{pmatrix}=\sigma_b^2 D,\quad D=\begin{pmatrix}t_1t'_1 & & 0\\ & \ddots & \\ 0 & & t_mt'_m\end{pmatrix}\end{cases}\tag{5.1.4}$$

若逆阵 D^{-1} 存在，则有

$$\hat{\theta}=(X'D^{-1}X)^{-1}(X'D^{-1}Z)$$

$$\hat{\sigma}_b^2=\frac{1}{N-m}\sum_{i=1}^{m}z'_i[I_N-X(X'X)^{-1}X']z_i$$

3)若测量点 $t_1=\cdots=t_m=t=(t_{11},\cdots,t_{1n})'$，即 m 个样品的 n 个测量点相同。这时 $X_1=\cdots=X_m=X=(\mathbf{1}_n t)$，$\mathbf{1}_n$ 为分量全为 1 的 n 维列向量。这时有

$$z_i=X\theta+\varepsilon_i\quad(i=1,\cdots,m)$$

若记

$$\bar{z}=\begin{pmatrix}\bar{z}_{\cdot 1}\\ \vdots\\ \bar{z}_{\cdot n}\end{pmatrix},\quad \bar{z}_{\cdot j}=\frac{1}{m}\sum_{i=1}^{m}z_{ij},\quad \bar{\varepsilon}=\begin{pmatrix}\bar{\varepsilon}_{\cdot 1}\\ \vdots\\ \bar{\varepsilon}_{\cdot n}\end{pmatrix},\quad \bar{\varepsilon}_{\cdot j}=\frac{1}{m}\sum_{i=1}^{m}\varepsilon_{ij}$$

则模型(5.1.3)可化简为

$$\begin{cases}E(\bar{z})=X\theta\\ \mathrm{Var}(\bar{z})=\sigma_e^2 I_n+\sigma_b^2 tt'\end{cases}\tag{5.1.5}$$

参数 θ 的估计在 1)与 2)场合可分别如上获得。

§5.2 消除退化数据间相关性的线性变换

在线性模型(5.1.3)中，退化数据 Z 的协方差阵 V 不是单位阵，即 $V\neq I_N$ 时，其退化数据 Z 间存在相关性。这是可以理解的，因在连续测量中后期所测数据常会受到前期数据的影响。假若 V 是正定阵，则可将 V 分解为 $V=V^{\frac{1}{2}}V^{\frac{1}{2}}$，且其逆阵也有 $V^{-1}=V^{-\frac{1}{2}}V^{-\frac{1}{2}}$，若取 $V^{-\frac{1}{2}}$ 为线性变换，则 $Z^*=V^{-\frac{1}{2}}Z$ 中的相关性即可消除，这是因为

$$\mathrm{Var}(Z^*)=V^{-\frac{1}{2}}\mathrm{Var}(Z)V^{-\frac{1}{2}}=V^{-\frac{1}{2}}VV^{-\frac{1}{2}}=I_N$$

受此启发，在一般场合(不知 V 是否为正定)，能否也能寻找一个线性变换 T，使其作用到退化数据 Z 上后能消除其中的相关性，即 $Z^*=TZ$，且 $\mathrm{Var}(Z^*)=I_N$。

不少统计学家研究过此问题。这里介绍 Pantula and Pollock(1985)针对退化数据而寻找到的可消除 Z 中相关性的线性变换。具体总结为如下定理。

定理 5.2.1 在退化数据模型(5.1.3)中，若退化数据 Z 的协方差矩阵 V 可表示为分块对角阵，即

$$\mathrm{Var}(Z)=V=\mathrm{diag}(V_1,\cdots,V_m)$$

$$V_i=\sigma_e^2 I_{n_i}+\sigma_b^2 t_i t'_i,\quad t=(t_{i1},\cdots,t_{in_i})'\tag{5.2.1}$$

则在 $\sigma_e^2>0$ 和 $\sigma_b^2>0$ 场合可以找到如下变换

$$T=\mathrm{diag}(T_1,\cdots,T_m)$$

$$T_i=I_{n_i}-(1-\sigma_e(\sigma_e^2+t'_i t_i)^{-1/2})\frac{t_i t'_i}{t'_i t_i}\quad(i=1,\cdots,m)\tag{5.2.2}$$

可使 $Z^*=TZ$ 有

$$\mathrm{Var}(Z^*)=\sigma_e^2 I_N$$

【证明】 若记

$$D_i \hat{=} \frac{t_i t'_i}{t'_i t_i},\quad \lambda_i \hat{=} \sigma_e^2 + t'_i t_i \quad (i=1,\cdots,m) \tag{5.2.3}$$

则式(5.2.1)和式(5.2.2)可改成为

$$V_i=\sigma_e^2(I_{n_i}-D_i)+\lambda^i D_i \quad (i=1,\cdots,m) \tag{5.2.4}$$

$$T_i=(I_{n_i}-D_i)+(\sigma_e/\sqrt{\lambda_i})D_i \quad (i=1,\cdots,m)$$

其中 D_i 与 $I_{n_i}-D_i$ 有如下性质(直接验证):

$$\left.\begin{aligned} &(\mathrm{i})D_i^2=D_i \\ &(\mathrm{ii})(I_{n_i}-D_i)^2=I_{n_i}-D_i \\ &(\mathrm{iii})D_i(I_{n_i}-D_i)=(I_{n_i}-D_i)D_i=0 \end{aligned}\right\} \tag{5.2.5}$$

利用上述性质可以算得

$$\begin{aligned} T_iV_iT_i &=[(I_{n_i}-D_i)+(\sigma_e/\sqrt{\lambda_i})D_i]\cdot[\sigma_e^2(I_{n_i}-D_i)+\lambda_i D_i]\cdot \\ &\quad [(I_{n_i}-D_i)+(\sigma_e/\sqrt{\lambda_i})D_i] \\ &=[\sigma_e^2(I_{n_i}-D_i)+\sigma_e\sqrt{\lambda_i}\,D_i]\cdot[(I_{n_i}-D_i)+(\sigma_e/\sqrt{\lambda_i})D_i] \\ &=\sigma_e^2(I_{n_i}-D_i)+\sigma_e^2 D_i \\ &=\sigma_e^2 I_{n_i} \end{aligned}$$

若把变换 $T=\mathrm{diag}(T_1,\cdots,T_m)$ 作用到退化数据 Z 上,可得

$$\begin{aligned} \mathrm{Var}(TZ)&=T\,\mathrm{Var}(Z)T'=TVT \\ &=\begin{pmatrix} T_1 & & 0 \\ & \ddots & \\ 0 & & T_m \end{pmatrix}\begin{pmatrix} V_1 & & 0 \\ & \ddots & \\ 0 & & V_m \end{pmatrix}\begin{pmatrix} T_1 & & 0 \\ & \ddots & \\ 0 & & T_m \end{pmatrix} \\ &=\begin{pmatrix} T_1V_1T_1 & & 0 \\ & \ddots & \\ 0 & & T_mV_mT_m \end{pmatrix}=\sigma_e^2\begin{pmatrix} I_{n1} & & 0 \\ & \ddots & \\ 0 & & I_{nm} \end{pmatrix}=\sigma_e^2 I_N \end{aligned}$$

这就完成了定理 5.2.1 的证明。

Pantula and Pollock(1985)还给出更一般的结果。

定理 5.2.2 设 $n\times n$ 阶矩阵 $V=\sum_{i=1}^{k}\lambda_i A_i$,其中诸 $\lambda_i>0$,若有

(i)$A_i^2=A_i \quad (i=1,\cdots,k)$

(ii)$A_iA_j=0 \quad (i\neq j)$

(iii) $\sum_{i=1}^{k} A_i = I_n$

则 V 可逆，且

(a) $V^{-1} = \sum_{i=1}^{k} \lambda_i^{-1} A_i$

(b) $V^{-1/2} = \sum_{i=1}^{k} \lambda_i^{-1/2} A_i$

(c) $V^{-1/2} V V^{-1/2} = I_n$

【证明】 利用性质(i)、(ii)、(iii)可直接验(a)、(b)、(c)成立。

定理5.2.2告之：若某数据向量 Z 的协方差阵 V 可表为若干幂等矩阵的线性和，且具有性质(ii)和(iii)，则取线性变换 $T=V^{-1/2}$，则 TZ 间的相关性即可消除。

§5.3 方差分量的估计

方差分量模型(5.1.3)中有两个方差分量 σ_e^2 与 σ_b^2 需要作出估计，这里可用另一线性变换来获得其估计。

5.3.1 方差分量 σ_e^2 的估计

分几步进行叙述。

1)为了获得 σ_e^2 的无偏估计，需要在正态性假设下的如下引理。

引理 5.3.1 设 $\underset{N\times 1}{Z} \sim N_N(\underset{N\times 1}{d}, \underset{N\times N}{V})$，$V \geqslant 0$，则二次型

$$(Z-d)'A(Z-d) \sim \sigma_e^2 \chi^2(f) \tag{5.3.1}$$

成立的充要条件是

$$VAVAV=VAV \tag{5.3.2}$$

其中 A 为 $N\times N$ 阶对称方阵，且自由度 $f=\mathrm{tr}(AV)$. σ_e^2 为退化数据测量误差的方差。

这里矩阵 V 的下方 $N\times N$ 表示 V 是 $N\times N$ 阶方阵，Z 是 N 阶列向量等。以下还要用此记号，不再一一说明了。

2)从如下方差分量模型(5.1.3)引出新的线性模型

$$\begin{cases} E(Z)=X\theta \\ \mathrm{Var}(Z)=V=\begin{pmatrix} V_1 & & 0 \\ & \ddots & \\ 0 & & V_m \end{pmatrix} \end{cases}$$

其中

$$V_i=\sigma_e^2 I_{n_i}+\sigma_b^2 t_i t'_i,\quad t_i=\begin{pmatrix} t_{i1} \\ \vdots \\ t_{in_i} \end{pmatrix}\quad (i=1,\cdots,m)$$

为引入新的线性变换,如在§5.2那样,记

$$D_i=\frac{t_i t'_i}{t'_i t_i}\quad (i=1,\cdots,m),\quad D=\begin{pmatrix} D_1 & & 0 \\ & \ddots & \\ 0 & & D_m \end{pmatrix}$$

则 V_i 可以用 D_i 表示

$$V_i=\sigma_e^2(I_n-D_i)+\lambda_i D_i,\quad \lambda_i=\sigma_e^2+\sigma_b^2 t'_i t_i$$

下一步,对退化数据 Z 和设计矩阵 X 作如下线性变换:

$$\begin{aligned} X^{(1)}&=(I_N-D)X \\ Z^{(1)}&=(I_N-D)Z \end{aligned}\tag{5.3.3}$$

又记

$$X^{(1)}=\begin{pmatrix} X_1^{(1)} \\ \vdots \\ X_m^{(1)} \end{pmatrix},\quad X_i^{(1)}=(I_{n_i}-D_i)X_i\quad (i=1,\cdots,m)$$

$$Z^{(1)}=\begin{pmatrix} Z_1^{(1)} \\ \vdots \\ Z_m^{(1)} \end{pmatrix},\quad Z_i^{(1)}=(I_{n_i}-D_i)Z_i\quad (i=1,\cdots,m)$$

利用式(5.2.5)表示的 D_i 与 $(I_{n_i}-D_i)$ 的性质,可得

$$\begin{aligned} E(Z_i^{(1)})&=(I_{n_i}-D_i)E(Z_i)=(I_{n_i}-D_i)X_i\theta \\ &=X_i^{(1)}\theta \\ \mathrm{Var}(Z_i^{(1)})&=(I_{n_i}-D_i)'\mathrm{Var}(Z_i)(I_{n_i}-D_i) \\ &=(I_{n_i}-D_i)[\sigma_e^2(I_{n_i}-D_i)+\lambda_i D_i](I_{n_i}-D_i) \\ &=\sigma_e^2(I_{n_i}-D_i) \end{aligned}$$

于是可得变换后的新线性模型

$$\begin{cases} E(Z^{(1)})=X^{(1)}\theta \\ \mathrm{Var}(Z^{(1)})=\sigma_e^2(I_N-D)=\sigma_e^2\begin{pmatrix} I_{n_1}-D_1 & & 0 \\ & \ddots & \\ 0 & & I_{n_m}-D_m \end{pmatrix} \end{cases}\tag{5.3.4}$$

由于线性变换不会改变变量(向量)的正态性,故有

$$Z^{(1)} \sim N_N(X^{(1)}\theta, \sigma_e^2(I_n - D))$$

3)改写 $X^{(1)}$

由于

$$\underset{N\times 2}{X} = \begin{pmatrix} \mathbf{1}_{n_1} & t_1 \\ \vdots & \vdots \\ \mathbf{1}_{n_m} & t_m \end{pmatrix} = (\mathbf{1}_N \quad t)$$

其中

$$t = \begin{pmatrix} t_1 \\ \vdots \\ t_m \end{pmatrix}, \quad t_i = \begin{pmatrix} t_{i1} \\ \vdots \\ t_{in_i} \end{pmatrix} \quad (i=1,\cdots,m)$$

于是

$$\begin{aligned} \underset{N\times 2}{X}^{(1)} &= (I_N - D)X \\ &= (I_N - D)(\mathbf{1}_N \quad t) \\ &= ((I_N - D)\mathbf{1}_N \quad (I_N - D)t) \\ &= ((I_N - D)\mathbf{1}_N \quad 0_N) \end{aligned}$$

其 0_N 表示 N 个分量全为 0 的列向量,这是因为

$$(I_{n_i} - D)t_i = t_i - Dt_i = t_i - \frac{t_i t_i'}{t_i' t_i} \cdot t_i = 0 \quad (i=1,\cdots,m)$$

$$\begin{aligned} (I_N - D)t &= \begin{pmatrix} (I_{n_1} - D_1) & & 0 \\ & \ddots & \\ 0 & & (I_{n_m} - D_m) \end{pmatrix} \begin{pmatrix} t_1 \\ \vdots \\ t_m \end{pmatrix} \\ &= \begin{pmatrix} (I_{n_1} - D_1)t_1 \\ \vdots \\ (I_{n_m} - D_m)t_m \end{pmatrix} = 0_N \end{aligned}$$

顺便计算下面要用到的一个矩阵

$$\begin{aligned} \underset{2\times N}{X}^{(1)'} \underset{N\times 2}{X}^{(1)} &= \begin{pmatrix} \mathbf{1}_N'(I_N - D) \\ 0_N' \end{pmatrix} ((I_N - D) \quad 0_N) \\ &= \begin{pmatrix} \mathbf{1}_N'(I_N - D)\mathbf{1}_N & 0 \\ 0 & 0 \end{pmatrix} \end{aligned}$$

其中 $\mathbf{1}_N'(I_N - D)\mathbf{1}_n$ 是一个数。上述 2 阶方阵是奇异阵,其逆阵不存在,但其逆可用广义逆阵表示。

4)考察如下投影矩阵

$$
\begin{aligned}
P_{X^{(1)}} &= X^{(1)}(X^{(1)\prime}X^{(1)})^{-}X^{(1)\prime} \\
&= ((I_N-D)\mathbf{1}_n \quad 0_N)\begin{pmatrix} \mathbf{1}'_N(I_N-D)\mathbf{1}_N & 0 \\ 0 & 0 \end{pmatrix}^{-}\begin{pmatrix} \mathbf{1}'_N(I_N-D) \\ 0'_N \end{pmatrix} \\
&= \frac{(I_N-D)\mathbf{1}_N\mathbf{1}'_N(I_N-D)}{\mathbf{1}'_N(I_N-D)\mathbf{1}_N}
\end{aligned}
$$

且有 $P'_{X^{(1)}}=P_{X^{(1)}}$ 和

$$
\begin{aligned}
(I_N-D)P_{X^{(1)}} &= \frac{(I_N-D)(I_N-D)\mathbf{1}_N\mathbf{1}'_N(I_N-D)}{\mathbf{1}'_N(I_N-D)\mathbf{1}_N} \\
&= \frac{(I_N-D)\mathbf{1}_N\mathbf{1}'_N(I_N-D)}{\mathbf{1}'_N(I_N-D)\mathbf{1}_N} = P_{X^{(1)}}
\end{aligned}
$$

5)若取

$$V=I_N-D,\ A=I_N-P_{X^{(1)}}$$

则 A 为 N 阶对称方阵，且 V 与 A 满足条件等式(5.3.2)，这是因为

$$
\begin{aligned}
VA &= (I_N-D)(I_N-P_{X^{(1)}}) = I_N-D-P_{X^{(1)}} \\
VAV &= (I_N-D-P_{X^{(1)}})(I_N-D) = I_N-D-P_{X^{(1)}} \\
VAVA &= (I_N-D-P_{X^{(1)}})(I_N-P_{X^{(1)}}) \\
&= (I_N-D-P_{X^{(1)}})-(I_N-D)P_{X^{(1)}}+P_{X^{(1)}}P_{X^{(1)}} \\
&= I_N-D-P_{X^{(1)}} \quad (\because P_{X^{(1)}}P_{X^{(1)}}=P_{X^{(1)}}) \\
VAVAV &= (I_N-D-P_{X^{(1)}})(I_N-D) = I_N-D-P_{X^{(1)}} = VA
\end{aligned}
$$

由引理 5.3.1 知，新线性模型(5.3.3)的剩余平方和

$$\hat{e}'\hat{e}=(Z^{(1)}-X^{(1)}\theta)'(I_N-P_{X^{(1)}})(Z^{(1)}-X^{(1)}\theta)\sim\sigma_e^2X^2(f) \tag{5.3.5}$$

其中自由度

$$
\begin{aligned}
f &= \mathrm{tr}(AV) \\
&= \mathrm{tr}(I_N-D-P_{X^{(1)}}) \\
&= \mathrm{tr}(I_N-D)-rk(P_{X^{(1)}}) \\
&= \sum_{i=1}^{m}(rk(I_{n_i}-D_i))-1 \\
&= \sum_{i=1}^{m}(n_i-1)-1 \\
&= N-m-1
\end{aligned}
$$

由此可得 σ_e^2 的无偏估计为

$$\hat{e}_e^2=\frac{\hat{e}'\hat{e}}{N-m-1}$$

5.3.2 方差分量 σ_b^2 的估计

1)为了获得另一个方差分量 σ_b^2 的估计,需要 Seely(1970)给出的一个定理,这里不加证明地引述它。

定理 5.3.3 设退化数据 Z 有如下方差分量模型

$$\begin{cases} E(\underset{N\times 1}{Z})=\underset{N\times K}{X}\ \underset{K\times 1}{\theta} \\ \mathrm{Var}(Z)=\phi_1 S_1+\cdots+\phi_p S_p \end{cases}$$

其中诸 S_i 均为 N 阶对称非负定阵($S_i\geqslant 0$),又设 A 为 N 阶方阵,要使$(Z-X\theta)'A(Z-X\theta)$是 $\gamma=f'\phi$ 的无偏估计的充要条件是

(i)$X'AX=0$

(ii)$f_i=\mathrm{tr}(AS_i)\quad(i=1,\cdots,p)$

其中 $f=(f_1,\cdots,f_p)$,$\phi=(\phi_1,\cdots,\phi_p)$。

2)如今模型(5.1.3)是 $k=2$ 和 $p=2$ 的方差分量模型,即

$$\begin{cases} E(Z)=\underset{N\times 2}{X}\ \underset{2\times 1}{\theta} \\ \mathrm{Var}(Z)=V=\sigma_e^2 I_N+\sigma_b^2\begin{pmatrix} t_1t'_1 & & 0 \\ & \ddots & \\ 0 & & t_mt'_m \end{pmatrix} \end{cases}$$

只要适当地选择方阵 A 就可获得 σ_e^2 和 σ_b^2 一个线性组合的无偏估计,前面已有 σ_e^2 的无偏估计,由此也可获得 σ_b^2 无偏估计。但这里不这样做,而为了后面的需要而对模型(5.1.3)再作一次如下的线性变换。

$$\underset{m\times 1}{Z^{(2)}}=\begin{pmatrix} t'_1c_1^{-1/2} & & 0 \\ & \ddots & \\ 0 & & t'_mc_m^{-1/2} \end{pmatrix}\begin{pmatrix} z_1 \\ \vdots \\ z_m \end{pmatrix}\hat{=}\underset{m\times N}{G}\ \underset{N\times 1}{Z}$$

$$\underset{m\times 2}{X^{(2)}}=\begin{pmatrix} t'_1c_1^{-1/2} & & 0 \\ & \ddots & \\ 0 & & t'_mc_m^{-1/2} \end{pmatrix}\begin{pmatrix} x_1 \\ \vdots \\ x_m \end{pmatrix}\hat{=}\underset{m\times N}{G}\ \underset{N\times 2}{Z}$$

其中

$$c_i=t'_it_i,\quad t_i=\begin{pmatrix} t_{i1} \\ \vdots \\ t_{in_i} \end{pmatrix}\quad(i=1,\cdots,m)$$

$$\underset{m\times N}{G}=\begin{pmatrix} t'_1c_1^{-1/2} & & 0 \\ & \ddots & \\ 0 & & t'_mc_m^{-1/2}\end{pmatrix},\quad \underset{m\times m}{C}=\begin{pmatrix} c_1 & & 0 \\ & \ddots & \\ 0 & & c_m\end{pmatrix}$$

于是 $Z^{(2)}$ 的期望与协方差阵分别为

$$E(Z^{(2)})=GE(Z)=GX\theta=X^{(2)}\theta$$

$$\begin{aligned}\mathrm{Var}(Z^{(2)})&=G\mathrm{Var}(Z^{(2)})G'\\&=\begin{pmatrix} t'_1c_1^{-1/2} & & 0 \\ & \ddots & \\ 0 & & t'_mc_m^{-1/2}\end{pmatrix}\begin{pmatrix} V_1 & & 0 \\ & \ddots & \\ 0 & & V_m\end{pmatrix}\begin{pmatrix} t_1c_1^{-1/2} & & 0 \\ & \ddots & \\ 0 & & t_mc_m^{-1/2}\end{pmatrix}\\&=\sigma_e^2I_m+\sigma_b^2C\end{aligned}\tag{5.3.6}$$

最后一个等式成立是因为

$$\begin{aligned}(t'_ic_i^{-1/2})\cdot V_i\cdot(t_ic_i^{-1/2})&=c_i^{-1}t'_i(\sigma_e^2+\sigma_b^2t_it'_i)t_i\\&=\sigma_e^2c_i^{-1}t'_it_i+\sigma_b^2c_i^{-1}t'_it_it'_it_i\\&=\sigma_e^2+\sigma_b^2t'_it_i\quad(i=1,\cdots,m)\end{aligned}$$

由此可见，用 $Z^{(2)}$ 仍可获得 $k=2$ 和 $p=2$ 的方差分量模型。其 $S_1=I_m$，$S_2=C$ 都是非奇异阵。

3)考察投影矩阵

$$P_{X^{(2)}}=X^{(2)}(X^{(2)\prime}X^{(2)})^{-1}X^{(2)}$$

它是 $X^{(2)}$ 时列向量所张的线性空间的投影矩阵，适当地选择测量点可使 $X^{(2)}$ 为列满秩阵，从而逆阵 $(X^{(2)\prime}X^{(2)})^{-1}$ 存在。

若取 $A=I_m-P_{X^{(2)}}$，则有 $X^{(2)\prime}AX^{(2)}=0$，因为

$$\begin{aligned}X^{(2)\prime}AX^{(2)}&=X^{(2)\prime}(I_m-P_{X^{(2)}})X^{(2)}\\&=X^{(2)\prime}X^{(2)}-X^{(2)\prime}P_{X^{(2)}}X^{(2)}=X^{(2)\prime}X^{(2)}-X^{(2)\prime}X^{(2)}=0\end{aligned}$$

4)由定理 5.3.3 知，此方差分量模型的剩余平方和

$$\hat{u}'\hat{u}=(Z^{(2)}-X^{(2)}\theta)'(I_m-P_{X^{(2)}})(Z^{(2)}-X^{(2)}\theta)\tag{5.3.7}$$

是 $f_1\sigma_e^2+f_2\sigma_b^2$ 的无偏估计，其中 f_1，f_2 计算如下。

$$\begin{aligned}f_1&=\mathrm{tr}(AI_m)\\&=\mathrm{tr}[(I_m-P_{X^{(2)}})I_m]\\&=\mathrm{tr}(I_m)-\mathrm{tr}[X^{(2)}(X^{(2)\prime}X^{(2)})^{-1}X^{(2)\prime}]\\&=m-\mathrm{tr}[(X^{(2)\prime}X^{(2)})^{-1}X^{(2)\prime}X^{(2)}]\\&=m-\mathrm{tr}(I_2)=m-2\end{aligned}$$

$$f_2 = \mathrm{tr}[(I_m - P_{X^{(2)}})C]$$
$$= \mathrm{tr}(C) - \mathrm{tr}[X^{(2)}(X^{(2)\prime}X^{(2)})^{-1}X^{(2)\prime}C]$$

为进一步简化,改写 $X^{(2)}$

$$X^{(2)} = GX = \begin{pmatrix} c_1^{-1/2}t'_1 & & 0 \\ & \ddots & \\ 0 & & c_m^{-1/2}t'_m \end{pmatrix}\begin{pmatrix} X_1 \\ \vdots \\ X_m \end{pmatrix}\begin{pmatrix} c_1^{-1/2} & & 0 \\ & \ddots & \\ 0 & & c_m^{-1/2} \end{pmatrix}\begin{pmatrix} t'_1X_1 \\ \vdots \\ t'_mX_m \end{pmatrix}$$
$$= C^{-1/2}F$$

其中

$$C^{-1/2} = \begin{pmatrix} C_1^{-1/2} & & 0 \\ & \ddots & \\ 0 & & c_m^{-1/2} \end{pmatrix}, \quad F = \begin{pmatrix} t'_1X_1 \\ \vdots \\ t'_mX_m \end{pmatrix}$$

从而

$$\mathrm{tr}[X^{(2)}(X^{(2)\prime}X^{(2)})^{-1}X^{(2)\prime}C]$$
$$= \mathrm{tr}[C^{-1/2}F(F'C^{-1/2} \cdot C^{-1/2}F)^{-1}F'C^{-1/2}C]$$
$$= \mathrm{tr}[(F'C^{-1}F)^{-1}F'F]$$

再进一步化简已很难进行,故 f_2 的最终结果尚无简单表达式,而为

$$f_2 = \sum_{i=1}^{m} t'_i t_i - \mathrm{tr}[(F'C^{-1}F)^{-1}F'F]$$

综合上述可得 σ_b^2 的无偏估计为

$$\hat{\sigma}_b^2 = \frac{\hat{U}'U - f_1\hat{\sigma}_e^2}{f_2}$$

若上式为负,可按常规修正如下

$$\tilde{\sigma}_b^2 = \begin{cases} \hat{\sigma}_b^2, & \hat{\sigma}_b^2 \text{ 为正} \\ 0, & \text{其他} \end{cases}$$

5.3.3 随机效应的检验

在退化轨道函数 $y(t;\alpha,\beta)$ 中常含有随机参数 β,它是否具有随机性呢?这要考察 β 的方差 $\mathrm{Var}(\beta)$ 是否为零。因此要通过假设检验来确认。一般场合下确认这一点是困难的,这里仅对随机斜率线性退化轨道 $y(t)=\alpha+\beta t$ 中 β 的方差 $\mathrm{Var}(\beta)=\sigma_b^2$ 的假设

$$H_0: \sigma_b^2 = 0$$

的检验作一点讨论。

这里要沿用§5.3.1和§5.3.2所用的假设与符号及其剩余平方和

$$\hat{u}'\hat{u}=(Z^{(2)}-X^{(2)}\hat{\theta})'(I_m-P_{X^{(2)}})(Z^{(2)}-X^{(2)}\hat{\theta})$$

$$\hat{e}'\hat{e}=(Z^{(1)}-X^{(1)}\hat{\theta})'(I_N-P_{X^{(1)}})(Z^{(1)}-X^{(1)}\hat{\theta})$$

其中 $\hat{\theta}$ 为 θ 的最小二乘估计。

$$Z^{(1)}=\begin{pmatrix}Z_1^{(1)}\\ \vdots\\ Z_m^{(1)}\end{pmatrix},\quad Z_i^{(1)}=(I_{n_i}-D_i)Z_i,\quad D_i=\frac{t_it'_i}{t'_it_i}\quad(i=1,\cdots,m)$$

$$Z^{(2)}=\begin{pmatrix}Z_1^{(2)}\\ \vdots\\ Z_m^{(2)}\end{pmatrix},\quad Z_j^{(2)}=\frac{t'_j}{(t'_jt_j)^{1/2}}Z_j,\quad t_j=\begin{pmatrix}t_{j_1}\\ \vdots\\ t_{jn_i}\end{pmatrix}\quad(j=1,\cdots,m)$$

定理5.3.4　在上述符号下，任意 $Z_i^{(1)}$ 与 $Z_j^{(2)}$ 不相关，即

$$\mathrm{Cov}(Z_i^{(1)},Z_j^{(2)})=0\quad(i,j=1,\cdots,m)$$

【证明】　当 $i\neq j$ 时，上式成立，当 $i=j$ 时，有

$$\begin{aligned}&\mathrm{Cov}(Z_i^{(1)},Z_i^{(2)})\\&=\mathrm{Cov}\left((I_{n_i}-D_i)Z_i,\frac{t'_i}{(t'_it_i)}Z_i\right)\\&=(I_{n_i}-D_i)\mathrm{Var}(Z_i)\frac{t_i}{(t'_it_i)^{1/2}}\end{aligned}$$

其中

$$\mathrm{Var}(Z_i)=V_i=\sigma_e^2(I_{n_i}-D_\lambda)+\lambda_iD_i,\quad \lambda_i=\sigma_e^2+\sigma_b^2t'_it_i$$

代回原式，利用 D_i 和 $I_{n_i}-D_i$ 的性质(见(5.2.5))，可得

$$\begin{aligned}&\mathrm{Cov}(Z_i^{(1)},Z_i^{(2)})\\&=(I_{n_i}-D_i)[\sigma_e^2(I_{n_i}-D_i)+\lambda_iD_i]t_i/(t'_it_i)^{1/2}\\&=\sigma_e^2(I_{n_i}-D_i)t_i/(t'_it_i)^{1/2}\\&=\sigma_e^2\left(\frac{t_i}{(t'_it_i)^{1/2}}-\frac{(t_it'_i)}{(t'_it_i)}\cdot\frac{t_i}{t'_it_i)^{1/2}}\right)=0\end{aligned}$$

这就证明了此定理。

若增加正态性假设，则 $Z^{(1)}$ 与 $Z^{(2)}$ 的不相关性就转化为相互独立性，从而其剩余平方和 $\hat{u}'\hat{u}$ 和 $\hat{e}'\hat{e}$ 也相互独立，且

$$\hat{u}'\hat{u}\sim\sigma_e^2\chi^2(m-rk(F))\quad(\text{在 }\sigma_b^2=0\text{ 下})$$

$$\hat{e}'\hat{e}\sim\sigma_e^2\chi^2(N-m-1)$$

从而在假设 $H_0:\sigma_b^2=0$ 成立下，有

$$F=\frac{\hat{u}'\hat{u}/(m-rk(F))}{\hat{e}'\hat{e}/(N-m-1)}\sim F(m-rk(F),N-m-1)$$

这就是检验 H_0 是否成立的检验统计量。对给定的显著性水平 $\alpha(0<\alpha<1)$，拒绝 H_0 的拒绝域为

$$W=\{F\geqslant F_\alpha\}$$

其中 F_α 为该 F 分布的 α 分位数。

第六章
加速退化试验数据的统计分析

在很多退化问题中，产品的退化量随时间的变化极其缓慢，有时在很长的测量周期内，退化量的变化微乎其微，甚至这种微小的变化都比不上测量误差。在这种情况下，作退化试验通常要注意三点：(1)试验的时间要很长。(2)在非破坏性试验情况下，测量次数要很多。(3)样品个数也要很多，特别在破坏性试验情况下样品要更多。对于退化很慢的产品，试验要充分地考虑到以上三个方面，否则，用所测退化数据对模型作统计推断的精度会很差。但是很多情况下很难满足以上三方面的要求，因此自然会考虑到提高某些应力的水平，使退化加速。如提高温度可促使化学退化过程加速进行。

加速退化试验有两种：

- 恒定应力加速退化试验，简称恒加退化试验。
- 步进应力加速退化试验，简称步加退化试验。

这一章将通过几个实例来叙述恒加与步加退化试验设计、退化数据的统计模型及其数据处理方法。

§6.1 晶体管漏电流恒加退化试验

某种场效应晶体管的失效模式是源于其漏电流 Idss 渐变退化失效。工程界定义：当 Idss(单位：mA)下降到初始时刻的 30%时即判为失效。若记 I_0 为试验初始时刻的 Idss(mA)，I_t 为时刻 t 时的 Idss，则其比值

$$p_t=\frac{I_t}{I_0} \tag{6.1.1}$$

称为 Idss 的退化比。随着试验时间的延长，退化比 p_t 会逐渐下降，当 $p_t \leqslant 0.7$ 时就判为失效，$p_t = 0.7$ 时就是该种晶体管的寿命。

由于此种退化比 p_t 下降十分缓慢，为获得此种晶体管的平均寿命特设计几个较高应力下相互独立的退化试验，组成一个恒加退化试验，用来外推正常应力水平下的平均寿命。具体分述如下。

6.1.1 恒加退化试验的设计与实施

1)确定加速应力及其水平

此种场效应晶体管的工作温度是 55℃，在此温度下，场效应晶体管很少失效，性能指标漏电流 Idss 的退化也十分缓慢，为加速退化提高试验温度是常用措施。在此场合选用温度作为**加速应力**是妥当的。

温度提高到什么水平才能起到加速退化作用，而又不改变失效机理？据实践经验和国内外文献记载，温度拟提高到 100℃到 250℃内都达到加速退化作用又不会改变失效机理。据此选定如下 5 个**加速温度水平**：

125℃，145℃，175℃，200℃，225℃

2)确定每个温度下投试样品个数和测试时间点

此种退化试验可以连续测量其漏电流 Idss。在高温下其退化较快，故投试样品量可少一些，测试点也可少一些。而在相对较低温度下，投试样品量应多一些，测试点也应密一些，以便可获更多退化数据，具体见表 6.1.1。

表 6.1.1 某种场效应晶体管恒加退化试验设计表

应力号	温度/℃	样品数 m_i	测试时间(时间点数 n_i)
1	125	43	0,22,94,340,860,1600,2000,3000,4000,6000,7300 ($n_1=11$)
2	145	45	0,22,94,240,480,950,1500,2000,2600 ($n_2=9$)
3	175	28	0,14,76,240,500,750,1000,1450,2000,2500 ($n_3=10$)
4	200	28	0,18,90,240,350,600,840 ($n_4=7$)
5	225	17	0,24,96,210,450 ($n_5=5$)

从表 6.1.1 可以看出：在 5 个加速温度下共投入 161 个样品，并在 42 个时间点分别测量漏电流 Idss。这里 161 个样品要从同一批产品中随机取出。

3)恒加退化试验的实施

从上述设计可以看出:一项恒加退化试验是由若干个(如5个)一般退化试验有机组成。这5个退化试验可一个接一个地进行。在条件许可下,5个或其部分退化试验可同时进行,巧安排可使全部试验尽快完成,获得全部退化数据。

在这个项目中首先把抽出的161个样品按表6.1.1要求分为5组。第1组43个,测其在0时刻的漏电流,然后放入恒温箱(已调至125℃),到22小时再取出测其Idss,如此进行直到7300小时再测其Idss。其他4组亦可类似进行。由于后4组试验总时间为6390小时,不超过第1组试验时间,故可用另一个恒温箱一组接一组地进行。如此安排在第7300小时后即可获得 $\sum_{i=1}^{5} m_i n_i = 1439$ 个退化数据。附表3列出全部退化数据。

6.1.2 退化数据统计模型

1)计算Idss的退化比,记

$$P_{ij}^{(k)} = \frac{I_{ij}^{(k)}}{I_i^{(k)}} \quad (k=1,\cdots,5; i=1,\cdots,m_k; j=1,\cdots,n_k) \tag{6.1.2}$$

其中 k 为加速温度水平序号,i 为样品序号,j 为测量时间序号,如在第 k 个加速温度水平 T_k 下第 i 个样品要连续测量 n_k 个Idss退化数据,其测量时间(单位:小时)分别记为

$$t_{i1}^{(k)} \leqslant t_{i2}^{(k)} \leqslant \cdots \leqslant t_{in_k}^{(k)} \quad (i=1,\cdots,m_k; j=1,\cdots,n_k)$$

在上述序号下,$I_{ij}^{(k)}$ 和 $P_{ij}^{(k)}$ 分别表示第 k 个加速温度 T_k 下,第 i 个样品在第 j 次测量(时间 $t_{ij}^{(k)}$)的Idss值及其退化比值。以下数据处理主要对退化比值进行,故以下仍称 $P_{ij}^{(k)}$ 为退化数据。

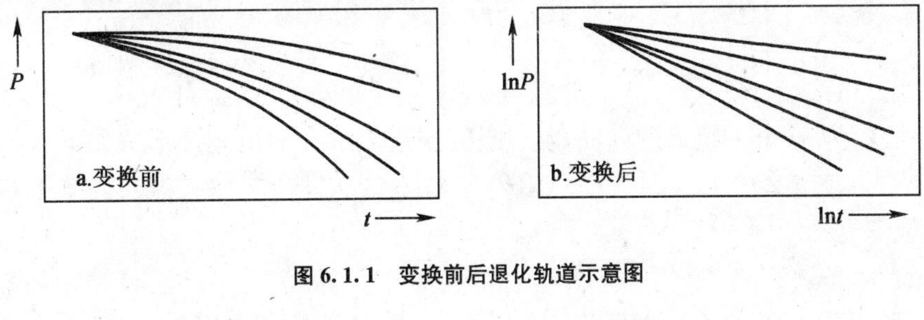

图6.1.1 变换前后退化轨道示意图

2)退化数据统计模型

为考察退化轨道,可用各温度水平下的散点图。在 $t-p$ 坐标系下,呈曲线下降状态(见图 6.1.1a),而在双对数坐标系($\ln t,\ln p$)下呈直线下降状态(见图 6.1.1b),由此我们建议使用如下线性退化轨道来处理退化数据。

$$z_{ij}^{(k)}=\ln p_{ij}^{(k)}=a^{(k)}+\beta_i^{(k)}\ln t_{ij}^{(k)}+e_{ij} \tag{6.1.3}$$

其中 $a^{(k)}$ 为 T_k 下的固定参数,$\beta_i^{(k)}$ 为 T_k 下的随机参数,并设其均值与方差分别为 $b^{(k)}$ 与 $\sigma_b^{2(k)}$,最后设 e_{ij} 为随机误差,其均值与方差分别为 0 与 σ_e^2。

我们将在每个加速温度下分别进行退化数据处理。故把上角标 k 略去,即把式(6.1.3)改写为

$$z_{ij}=a+\beta_i\ln t_{ij}+\varepsilon_{ij} \tag{6.1.4}$$

如前所述,我们再把式(6.1.4)改写为常系数线性模型,为此在式(6.1.4)中加上 $\pm b\ln t_{ij}$ 二项,可得

$$z_{ij}=a+b\ln t_{ij}+\varepsilon_{ij} \tag{6.1.5}$$

其中

$$\varepsilon_{ij}=(\beta_i-b)\ln t_{ij}+\varepsilon_{ij}$$
$$E(\varepsilon_{ij})=0$$
$$\mathrm{Var}(\varepsilon_{ij})=\sigma_e{}^2+(\ln t_{ij})^2\sigma_b^2$$

若记

$$Z=\begin{pmatrix}z_1\\ \vdots\\ z_{m_k}\end{pmatrix},\quad z_i=\begin{pmatrix}z_{i1}\\ \vdots\\ z_{in_k}\end{pmatrix}$$

$$E=\begin{pmatrix}\varepsilon_1\\ \vdots\\ \varepsilon_{m_k}\end{pmatrix},\quad \varepsilon_1=\begin{pmatrix}\varepsilon_{i1}\\ \vdots\\ \varepsilon_{in_i}\end{pmatrix}$$

$$X=\begin{pmatrix}X_1\\ \vdots\\ X_{m_k}\end{pmatrix},\quad X_i=\begin{pmatrix}1 & \ln t_{i1}\\ \vdots & \vdots\\ 1 & \ln t_{in_i}\end{pmatrix}=(\mathbf{1}_{n_i}\quad t_i),\quad t_i=\begin{pmatrix}\ln t_{i1}\\ \vdots\\ \ln t_{in_i}\end{pmatrix}$$

其中 $\mathbf{1}_{n_i}$ 为 n_i 个 1 组成的列向量。则上述模型(6.1.5)的矩阵形式如下

$$Z=X\theta+\varepsilon,\quad \theta'=(a,b) \tag{6.1.6}$$
$$E(Z)=X\theta$$
$$\mathrm{Var}(Z)=V=\begin{pmatrix}V_1 & & 0\\ & \ddots & \\ 0 & & V_{m_k}\end{pmatrix},\quad V_i=\sigma_e^2I_{n_k}+\sigma_b^2t_it_i'$$

其中 V 为 $N=n_1+n_2+\cdots+n_k$ 阶正定方阵。这是有二个方差分量的方差分量模型。

6.1.3　参数估计与加速方程

1)参数估计

我们将用§5.3 中给出方差分量 σ_e^2 和 σ_p^2 的估计公式作出其最小二乘估计 $\hat{\sigma}_e^2$ 和 $\hat{\sigma}_b^2$。把它们代入协方差阵 V 中，再用

$$\hat{\theta}=(X'V^{-1}X)^{-1}(X'V^{-1}Z) \tag{6.1.7}$$

获得参数 a 与 b 的最小二乘估计。在各加速温度下分别重复上述运算。最后获得的各参数估计列于表 6.1.2 中。

表 6.1.2　五个加速温度下的各参数估计值

T_k	$\hat{\sigma}_e^2$	$\hat{\sigma}_b^2$	$\hat{a}^{(k)}$	$\hat{b}^{(k)}$
$T_1=125$℃	0.00102	0.00004	0.14216	−0.025404
$T_2=145$℃	0.00100	0.00003	0.12526	−0.03439
$T_3=175$℃	0.00970	0.0007	0.14224	−0.04098
$T_4=200$℃	0.034	0.056	0.12524	−0.05820
$T_5=225$℃	0.059	0.087	0.11258	−0.10090

从表 6.1.2 可以看到以下几个现象：

● 随着加速温度的降低两个方差分量的估计值也在减少，可以预见，在正常工作温度 $T_0=55$℃场合，这两个方差分量会更小。

● 模型截距 a 在 5 个加速温度水平下变化不大，这与当初假设 a 是固定参数吻合的。这时可取其平均值作为模型截距 a 的估计，即

$$\hat{a}=\frac{1}{5}\sum_{k=1}^{5}\hat{a}^{(k)}=0.12952 \tag{6.1.8}$$

● 随着加速温度水平的降低，模型斜率 b 的估计值也在降低。即退化速度越来越慢，加速退化效果较为明显。在正常工作温度 $T_0=55$℃场合，其退化速度会更慢，从而其平均寿命也会更长。这可从退化轨道 $\ln p=a+b\ln t$ 与失效水平 $\ln 0.7$ 的交点上看出，即从如下等式中获得临界寿命 $t^{(k)}$

$$\hat{a}+\hat{b}^{(k)}\ln t^{(k)}=\ln 0.7$$

$$\hat{t}^{(k)}=\exp\left\{\frac{\ln 0.7-\hat{a}}{\hat{b}^{(k)}}\right\}$$

如今 $\hat{a}=0.12952$，$\hat{b}^{(k)}$ 如表 6.1.2 所示，计算结果列于表 6.1.3 中。

表 6.1.3　各加速温度下的临界寿命

温度 T	临界寿命 $\hat{t}^{(k)}$/h
$T_1=125℃=398K$	2.0500×10^8
$T_2=145℃=418K$	1380123.77
$T_3=175℃=448K$	142087.83
$T_4=200℃=473K$	4246.56
$T_5=225℃=498K$	123.79

这里的临界寿命 $\hat{t}^{(k)}$ 可看作在加速温度水平 T_k 下的平均寿命。余下的工作就要外推 T_0 下的平均寿命，这要建立加速方程并用其作外推。

2)加速方程

为了获得此种场效应管在正常工作温度 $T_0=55℃$ 下的平均寿命，需要在平均寿命与温度间建立特定关系。高温可使产品（如电子元器件、绝缘材料等）内部加快化学反应，促使产品提前失效，阿伦尼兹（Arrhenius）在 1880 年提如下加速模型：

$$t=\alpha e^{v/T} \tag{6.1.9}$$

其中 t 可以是平均寿命、特征寿命、中位寿命等，T 是绝对温度（记为 K），它等于摄氏温度加 273，α 与 v 是待定系数。式(6.1.9)常被称为阿伦尼兹方程或称为温度的加速方程。这个方程表明：随着绝对温度 T 的提高，平均寿命按指数律在下降。

利用表 6.1.3 上的数据可用最小二乘法建立加速方程(6.1.9)。这里用非线性最小二乘法求得 α 与 v 的估计：

$$\hat{\alpha}=3\times10^{-14},\quad \hat{v}=18989.5$$

由此可算出正常工作温度 $T_0=55℃=55+273=328K$ 下的临界寿命

$$\hat{t}_0=\hat{\alpha}e^{\hat{v}/328}=4.17\times10^{11}(\mathrm{h})$$

这就是该场效应管仅在漏电流退化模式下作出其平均寿命的一个估计值。实际使用中还会遇到其他干扰，故真实寿命可能会更低一些。

§6.2　绝缘材料的恒加退化试验

绝缘材料是一种耐高压电的工业材料，用途很广。在正常工作温度（如150℃）下它的寿命很长，要有几千伏（KV）电压才能击穿它，导致失效。但随着时间延长，绝缘材料会发生老化，其击穿电压也会随着时间而下降，当下降到能被2KV电压击穿，才认为材料失效，可见击穿电压V是随着时间而减少的退化量。

为了获得某种新绝缘材料的平均寿命，美国可靠性工程师Nelson，W（1990）对此种绝缘材料设计了一种恒加退化试验，这里我们来叙述它，并重新作了数据处理。

6.2.1　绝缘材料恒加退化试验的设计与实施

测量绝缘材料的击穿电压V（退化量）是破坏性试验。每次测量中，击穿了的绝缘材料样品就不能再参加试验了，这样一来，m个参试样品只能得m个退化数据，不像非破坏性测量那样，每个样品可测量多次（如n次），则可得mn个退化数据。故在破坏性测量场合要获得较多退化数据需投入更多样品。不过在破坏性测量场合所得退化数据都是相互独立的，这对统计分析带来方便，但缺乏退化的连惯信息。为此参试样品尽量从同一批次产品中抽取，每个测试点上多测几个样品，取其平均作为该点的退化量，以减少产品间个体差异给退化轨道带来的影响。

Nelson对此种绝缘材料的恒加退化试验的具体实施作了如下的设计。

1）选择4个加速温度水平，它们都比正常工作温度$T_0=150℃=423K$要高一些，具体是

$$T_1=453K，T_2=498K，T_3=523K，T_4=548K$$

2）每个温度水平下选择8个测量时间点，具体是：

1周，2周，4周，8周，16周，32周，48周，64周

3）在每个时间点各取4个样品测其击穿电压，这样共需

$$4\times8\times4=128\text{个样品}$$

希望这些样品来自同一批次的产品。

4）实施。首先把128个样品随机地均分为4组，每组32个样品，分别放在4个恒温箱中，其温度设置在上述4个加速温度水平上。

在第1周末从各箱中各取4个样品进行通电试验，试验电压逐渐上升，

直到绝缘材料被击穿为止，并分别记录其击穿电压，见表 6.2.1 上的第 1 行数据。在第 2 周末再从各箱中各取 4 个样品作类似试验，如此进行下去，直到第 64 周末，把箱中剩下的最后 4 个样品取出作类似试验，最后的击穿电压记录在表 6.2.1 的最后一行。这样就完成试验工作，获得 128 个退化数据。

表 6.2.1 绝缘材料的击穿电压 $V_{ij}^{(k)}$ (单位:KV)

$k=1,\cdots,4$ 为加速温度水平号

$j=1,\cdots,8$ 为测量时间点的编号

$i=1,\cdots,4$ 为每个时间点上的样品编号

如 $v_{12}^{(3)}=15, v_{23}^{(4)}=11.5$ 等

时间点＼温度	$T_1=453K$	$T_2=498K$	$T_3=523K$	$T_4=548K$
1(1 周)	15.0 17.0	15.5 15.0	15.0 14.5	14.0 13.0
	15.5 16.5	16.0 14.5	12.5 11.0	14.0 11.5
2(2 周)	14.0 16.0	13.0 13.5	12.5 12.0	13.0 11.5
	13.0 13.5	12.5 12.5	11.5 12.0	13.0 12.5
3(4 周)	13.5 17.5	12.5 12.5	12.0 13.0	10.0 11.5
	17.5 13.5	15.0 13.0	12.0 13.5	11.0 9.5
4(8 周)	15.0 15.0	13.0 10.5	12.5 12.0	6.5 5.5
	15.5 16.0	13.5 14.0	11.5 11.5	6.0 6.0
5(16 周)	18.5 17.0	13.0 14.0	12.0 12.0	6.0 6.0
	16.0 16.0	12.5 11.0	11.5 12.0	5.0 5.5
6(32 周)	12.5 13.0	11.0 9.5	11.0 10.0	2.7 2.7
	16.0 12.0	11.0 11.0	10.5 10.5	2.5 2.4
7(48 周)	13.0 13.5	11.5 10.5	7.0 6.9	1.2 1.5
	16.5 13.6	13.5 12.0	8.8 7.9	1.0 1.5
8(64 周)	13.0 12.5	11.0 11.5	7.3 7.5	1.5 1.0
	16.5 16.0	10.5 10.0	6.7 7.6	1.2 1.2

6.2.2 退化数据统计模型

从表 6.2.1 上的退化数据可以看出：

● 上面的数据大于下面数据，这显示随着时间 t 的延长击穿电压逐渐衰退。

● 左边的数据大于右边数据，这显示温度 T 的增长促使退化加速。

假如对每个击穿电压取其对数后再对每个小区(时间点)上 4 个数据计算其平均值，即

$$\bar{z}_{\cdot j}^{(k)} = \frac{1}{4}\sum_{i=1}^{4}\bar{z}_{ij}^{(k)} = \frac{1}{4}\sum_{i=1}^{4}\ln V_{ij}^{(k)} \quad (j = 1,\cdots,8;k = 1,\cdots,4) \qquad (6.2.1)$$

计算结果见表 6.2.2。

表 6.2.2　击穿电压的对数平均 $\bar{z}_{\cdot j}^{(k)}$

温度 / 时间/周	$T_1=453\mathrm{K}$	$T_2=498\mathrm{K}$	$T_3=523\mathrm{K}$	$T_4=548\mathrm{K}$
1	2.7714	2.7239	2.5764	2.5714
2	2.6448	2.5548	2.4843	2.5245
4	2.7324	2.5811	2.5344	2.3485
8	2.7323	2.6391	2.4738	1.7900
16	2.8240	2.5766	2.4743	1.7244
32	2.4849	2.3612	2.3508	0.9446
48	2.6453	2.4703	2.0298	0.2483
64	2.6667	2.3736	1.9833	0.1925

从表 6.2.2 上可明显看出，在每个加速温度水平上其击穿电压的对数平均各依不同速度在下降，随着温度上升，其退化速度明显加快。这一现象启发我们：可对其击穿电压的对数平均 $\bar{z}_{\cdot j}^{(k)}$ 建立如下随机斜率线性模型

$$\bar{z}_{\cdot j}^{(k)} = a^{(k)} + \beta^{(k)} t_j + \bar{e}_{\cdot j}^{(k)} \quad (k=1,\cdots,4;j=1,\cdots,8) \qquad (6.2.2)$$

$$\{\beta^{(k)}\} \overset{iid}{\sim} (b^{(k)},\sigma_b^2)$$

$$\{\bar{e}_{\cdot j}^{(k)}\} \overset{iid}{\sim} (0,\sigma_e^2)$$

上述分析对每一个温度水平都适用，故以下把角标 k 省略。

6.2.3　参数估计与加速方程

1)参数估计

像以前一样，在模型(6.2.2)中加入 $\pm bt_j$ 二项，可把随机斜率模型转化以下方差分量模型。

$$\begin{cases}\bar{z}_{\cdot j} = a + bt_j + \bar{\varepsilon}_{\cdot j} \\ \bar{\varepsilon}_{\cdot j} = (\beta - b)t_j + \bar{e}_{\cdot j}\end{cases} \quad (j=1,\cdots,8) \qquad (6.2.3)$$

$$E(\bar{\varepsilon}_{\cdot j}) = 0, \quad \mathrm{Var}(\bar{\varepsilon}_{\cdot j}) = \sigma_e^2 + \sigma_b^2 t_j^2 \qquad (6.2.4)$$

若记

$$\bar{z}=\begin{pmatrix}\bar{z}_{\cdot 1}\\ \vdots \\ \bar{z}_{\cdot 8}\end{pmatrix},\quad X=\begin{pmatrix}1 & t_1\\ \vdots & \vdots \\ 1 & t_8\end{pmatrix},\quad \theta=\begin{pmatrix}a\\ b\end{pmatrix},\quad \bar{\varepsilon}=\begin{pmatrix}\bar{\varepsilon}_{\cdot 1}\\ \vdots \\ \bar{\varepsilon}_{\cdot 8}\end{pmatrix}$$

上述方差分量模型可以写为

$$\begin{cases}E(\bar{z})=X\theta\\ \mathrm{Var}(\bar{z})=\sigma_e^2 I_8+\sigma_b^2\Lambda\end{cases}\tag{6.2.5}$$

其中

$$\Lambda=\mathrm{diag}(t_1^2,\cdots,t_8^2)\tag{6.2.6}$$

在破坏性测量的问题中，样品间的差异往往都超过测量误差。在这个项目中，情况也是这样，$\sigma_e^2\ll\sigma_b^2$，由测量误差很微小，可认为 $\sigma_e^2\doteq 0$。这样一来模型被简化了，即为

$$\begin{cases}E(\bar{z})=X\theta\\ \mathrm{Var}(\bar{z})=\sigma_b^2\Lambda\end{cases}\tag{6.2.7}$$

其中 Λ 如式(6.2.6)所示。由此可得 θ 的最小二乘估计。

$$\hat{\theta}=(X'\Lambda^{-1}X)^{-1}(X'\Lambda^{-1}\bar{z})\tag{6.2.8}$$

若把$(t_1,\cdots,t_8)=(1,2,4,8,16,32,48,64)$代入上式可得

$$X'\Lambda^{-1}X=\begin{pmatrix}\sum t_i^{-2} & \sum t_i^{-1}\\ \sum t_i^{-1} & 8\end{pmatrix}=\begin{pmatrix}1.333686 & 2.005208\\ 2.005208 & 8\end{pmatrix}$$

$$(X'\Lambda^{-1}X)^{-1}=\begin{pmatrix}1.203256 & -0.301597\\ -0.301597 & 0.200596\end{pmatrix}$$

上述计算都不依赖于加速温度水平。把上述结果与各温度水平下的击穿电压对数平均代入式(6.2.8)，即可得 a 与 b 的 LSE，具体见表 6.2.3。

表 6.2.3　各温度水平下的参数 a 与 b 的 LSE

加速温度水平 T_k	$\hat{a}^{(k)}$	$\hat{b}^{(k)}$
$T_1=453\text{K}$	2.114816	−0.004561
$T_2=498\text{K}$	2.708250	−0.016342
$T_3=523\text{K}$	2.573608	−0.012230
$T_4=548\text{K}$	2.628478	−0.060078

从表 6.2.3 可见各加速温度水平下的截距估计 $\hat{a}^{(k)}$ 较为接近，可取其均值作为 a 估计，即

$$\overline{a} = \frac{1}{4}\sum_{k=1}^{4}\hat{a}^{(k)} = 2.5063$$

而斜率估计 $\hat{b}^{(k)}$ 将随差温度上升呈负增加趋势。

2)加速方程

仍可使用阿伦尼兹方程在温度(T_k)和退化率($-\hat{b}^{(k)}$)之间搭起桥梁，对阿伦尼兹方程二端取对数可得如下线性关系

$$\ln(-b^{(k)}) = \alpha + v/T_k + \varepsilon_k \quad (k=1,\cdots,4)$$

利用表 6.2.3 上的数据可得其中两个参数的 LSE:

$$\hat{a}=6.4467,\quad \hat{v}=-5322.5277$$

把 $T_0=423\text{K}$ 代入上式，可得

$$\ln\hat{b}^{(0)}=6.4467-5322.5277/423$$

$$\hat{b}^{(0)}=-0.002163$$

由此可得击穿电压对数平均在 $T_0=423\text{K}$ 的表达式

$$\overline{z}=2.5062-0.002163t$$

由于该绝缘材料的失效水平为 2KV，当令 $\overline{z}=\ln 2$ 即可得该绝缘材料的平均寿命的估计值

$$\hat{t}=\frac{2.5062-\ln 2}{0.002163}=838.26(\text{周})$$

$$=16.12(\text{年})$$

这个结果还要受实际检验。

这个项目“绝缘材料恒加退化试验”的设计和数据都是 Nelson(1990)给出的。他是在“击穿电压 $V_{ij}^{(k)}$ 服从对数正态分布 $LN(\mu,\sigma_e^2)$，其中 $\mu=a+b^{(k)}t_j$”的假设下寻求其中诸参数 $a,b^{(1)},\cdots,b^{(4)}$ 的最大似然估计，最后用阿伦尼斯方程作为加速方程，算得在 150℃下绝缘材料的平均寿命为 6560 年。这个数字过大，可能是上述假设或求多参数 MLE 计算不当引起的。这里我们对总体分布不作具体假设下使用最小二乘法获得 16.12 年的估计值。由此可见，同一组数据用不同假设和不同方法会导致不同结果，哪一个更好一些只能由实践来检验了。

§6.3　浸渍漆的加速退化试验

浸渍漆是生产漆包线的绝缘材料，漆包线的绝缘功能主要取决浸渍漆

的质量，漆包线的寿命特性也全依赖于浸渍漆的寿命特性。为了考察浸溃漆的寿命特性，特地把浸溃漆均匀地涂在一张金属薄片的两面上，然后通高压电（一般是几千伏到几十千伏），观其击穿电压的大小，试验和物理分析告诉人们，随着时间的延长，材料会老化，表现在击穿电压在下降，事后规定一个失效水平 v_c(KV)。当击穿电压降至 v_c(KV)时，则认为该试片失效。这个时间就是该材料的寿命，一般说来，好的浸溃漆的寿命是很长的，几年内是不会失效的，若对此种退溃漆做退化试验，那要延续很长时间，为了又快又省地评估浸溃漆的寿命特征，某生产厂与某研究所共同商议决定同时进行二种加速退化试验：恒加退化试验与步加退化试验，考察其一致性。这里我们将逐一地来叙述这二项试验及其统计分析。

6.3.1 恒加退化试验的设计与实施

1)确定加速应力及其水平

提高环境温度可加速绝缘材料退化过程，浸溃漆是一种绝缘材料，故选温度 T 作为其加速应力是妥当的。浸溃漆的正常工作温度为 $T_0=150℃$，且在250℃内其失效机理不变，因此在其间选定若干加速温度水平，这里选定如下三个：

$$T_1=200℃,\quad T_2=220℃,\quad T_3=240℃$$

2)在各温度水平 T_i 下，各选定 n_i 个测量击穿电压的时间 t_{ij}：

$$t_{ij}\quad (i=1,2,3;j=1,\cdots,n_i)$$

这里选定 $n_1=8, n_2=7, n_3=9$，共有24个测试点。

3)由于测量击穿电压是破坏性的，故需要重复，这里确定在每个测试点 t_{ij} 上各取3个试片进行重复试验，这样将用 $24\times3=72$ 个试片，获得72个退化数据，分别记为

$$z_{ijk}\quad (i=1,2,3(\text{温度水平号});j=1,\cdots,n_i(\text{测量时间序号});\; k=1,2,3(\text{重复试片号}))\qquad (6.3.1)$$

4)实施。准备72个试片，并把它们分为三组(24,21,27)，又准备三只恒温箱，分别调至200℃，220℃，240℃。把三组试片各放在相应的恒温箱中，并开始计时。在 t_{11} 时刻从第一只恒温箱中取出三片作击穿电压试验，得三个退化数据：$z_{111}, z_{112}, z_{113}$；在 t_{12} 时刻并从第一只恒温箱中取出三片作试验，得 $z_{121}, z_{122}, z_{123}$ 等三个退化数据；一般在 t_{ij} 时刻从第 i 个恒温箱中取出三片作试验，得 $z_{ij1}, z_{ij2}, z_{ij2}$，如此重复直到72个试片全部都作过试验，得72个退化数据为止。具体数据这里从略。

6.3.2　恒加退化数据的统计分析

1)模型。恒加退化数据 z_{ijk} 一般都认为有两部分组成:退化量 y_{ijk} 与测量误差 e_{ijk} 组成,即

$$z_{ijk}=y_{ijk}+e_{ijk} \tag{6.3.2}$$

其中下标 i,j,k 说明同式(6.3.1)。

在破坏性测量场合,为减少误差常把同一时刻几个重复测量值的平均作为考察对象,则式(6.3.2)可改写为

$$\bar{z}_{ij}=\bar{y}_{ij}+\bar{e}_{ij}\quad(i=1,2,3;j=1,\cdots,n_i) \tag{6.3.3}$$

其中 $\bar{z}_{ij}=(z_{ij1}+\cdots+z_{ij3})/3$,其他 2 项亦有类似解释。这里平均退化量 $\bar{y}_{ij}$ 在缺少退化机理解释场合常认为是测量时间 t_{ij} 的函数,即 $\bar{y}_{ij}=g(t_{ij},\theta,\beta)$,其中 θ 为固定参数(向量),β 为随机参数(向量),这里函数 $g(\cdot)$ 的形式可从实测退化数据中得到启发。图 6.3.1 上显示在加速温度水平 $T_3=240$℃下点对$(t_{3j},\bar{z}_{3j})(j=1,\cdots,9)$的散点图。其相关系数为 0.949,还是较大的。

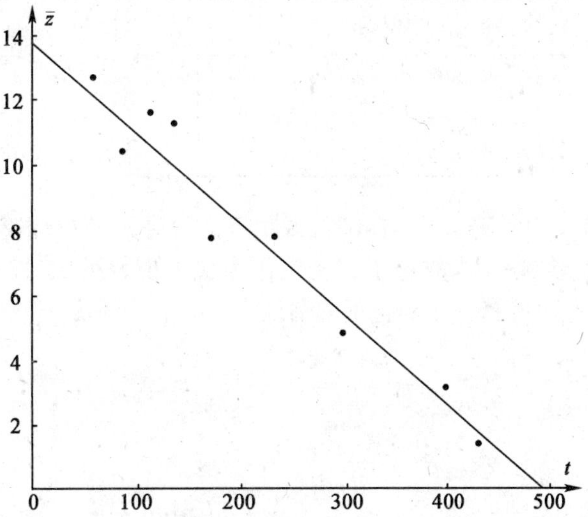

图 6.3.1　均值 $\bar{z}_{3j}$ 对测量时间 t_{3j} 的散点图($T_3=240$℃)

从图 6.3.1 可以看出退化数据均值 $\bar{z}_{ij}$ 是随着时间 t 的延长而线性下降。在另二个加速温度水平(T_1 和 T_2)场合亦有类似现象。据此,可设退化数据均值 $\bar{z}_{ij}$ 有如下线性回归模型

$$\bar{z}_{ij}=\beta_{ij}-\theta_i t_{ij}+e_{ij}\quad(i=1,2,3;j=1,\cdots,n_i) \tag{6.3.4}$$

其中截距 β_{ij} 为随机量，可设其均值为 $E(\beta_{ij})=\eta_i$，方差为 $\mathrm{Var}(\beta_{ij})=\sigma_i^2$，即认为$\{\beta_{ij}\}$是来自分布$(\eta_i,\sigma_i^2)$的一个样本。进一步还可假设$\{\beta_{ij}\}$是来自某对数正态分布 $\mathrm{LN}(\mu,\tau^2)$的一个样本。而模型(6.3.4)的斜率 θ_i 是退化率，它决定退化速度，将随温度升高而变快。最后一项是随机误差$\{e_{ij}\}$可看作来自$(0,\sigma_e^2/3)$的一个样本。

若在模型(6.3.4)中增加二项 $\pm\eta_i$，则该模型可改写为如下方差分量模型

$$\bar{z}_{ij}=\eta_i-\theta_i t_{ij}+\varepsilon_{ij} \tag{6.3.5}$$

$$\varepsilon_{ij}=\beta_{ij}-\eta_i+e_{ij}$$

其中 $E(\varepsilon_{ij})=0$，$\mathrm{Var}(\varepsilon_{ij})=\sigma_i^2+\sigma_e^2/3$。由于 $\sigma_e^2\ll\sigma_i^2$，且击穿电压测试较为精确，可认为 $\sigma_e^2\approx0$，这样就可简化模型，其 $\mathrm{Var}(\varepsilon_{ij})\approx\sigma_i^2$。

利用上述 72 个退化数据可分别对三个加速温度水平下的线性回归系数作出最小二乘估计，具体结果列于表 6.3.1 上。

表 6.3.1　三个加速温度水平下回归系数的 LSE

T_i/℃	$\hat{\eta}_i$	$\hat{\theta}_i$	$\hat{\sigma}_i^2$	r_i
200	13.9821	0.005124	2.4797	−0.974
220	12.7381	0.01098	6.6380	−0.923
240	13.8494	0.02809	6.2190	−0.949

从表 6.3.1 上的诸 LSE 看，随机截距三个均值 η_i 的估计较为接近，加速温度水平对其影响不大，故可用其均值作为代表值。类似对三个方差亦可作类似看法，这样可算一般场合下的估计

$$\hat{\eta}=\frac{\hat{\eta}_1+\hat{\eta}_2+\hat{\eta}_3}{3}=13.5332$$

$$\hat{\sigma}^2=\frac{\sigma_1^2+\sigma_2^2+\sigma_3^2}{3}=5.1122$$

2)退化率的加速方程。在模型(6.3.5)中退化率 θ_i 是受加速温度水平变化的影响，这从表 6.3.1 明显也可看出。在温度作为加速应力场合，退化率加速方程可用阿仑尼兹方程建立起来，即

$$\ln\theta_i=l_1+l_2/T_i \quad (i=1,2,3)$$

用表 6.3.1 上的数据可对上式中的二个系数 l_1 与 l_2 作出 LSE：

$$\hat{l}=16.46,\quad \hat{l}_2=-10301$$

其间相关系数 $r=0.964$，这表明：该加速方程还是可信的。

利用上述加速方程可推得在正常工作温度 $T_0=150℃=150+273=423$K(绝对温度)下的退化率的估计值

$$\hat{\theta}_0=\exp\{\hat{l}_1+\hat{l}_2/T_0\}=3.755\times10^{-4}$$

3)平均寿命估计。当退化量 $y(t)$ 达到失效水平 y_c 时，就得到产品寿命 t 的表示式。在随机截距线性退化模型(6.3.4)场合，由 $y(t)=y_c$，可得

$$\beta-\theta_0 t=y_c \quad 或 \quad t=\frac{\beta-y_c}{\theta_0}$$

从 β 服从分布 (η,σ^2) 可知

$$E(t)=\frac{\eta-y_c}{\theta_0},\quad \mathrm{Var}(t)=\left(\frac{\sigma}{\theta_0}\right)^2$$

如今已获得 η,σ^2 和 θ_0 的估计值，代入上式可得

$$\hat{E}(t)=\frac{13.5232-3.36}{3.755\times10^4}=27066$$

$$\hat{\mathrm{V}}\mathrm{ar}(t)=\frac{5.116}{(3.755\times10^{-4})^2}=(6023.58)^2$$
$$=3.628\times10^7$$

这表明该种浸渍漆的平均寿命均为 2.7 万小时，其标准差均为 6024 小时。

6.3.3　步加退化试验的设计与实施

前面提到，为了比较特对浸渍漆安排二种退化试验，恒加与步加退化试验，前几节叙述了恒加退化试验，这里叙述步加退化试验。两者有不少相似之处，但也有一些重大差别。步加退化试验是在一组逐步提高的加速应力水平下对一组产品考察其退化数据的统计规律，其要点如下：

1)仍以温度 T 作为其加速应力水平，在其失效机理不变的情况下，在 150℃至 250℃内选择 s 个加速温度水平，这里选择 $s=7$ 个加速温度水平 $T_1,\cdots,T_7$，具体见表 6.3.2 第二行。

表 6.3.2　浸渍漆步加试验设计方案

序号 i	1	2	3	4	5	6	7
温度水平 T_i/℃	180	190	200	210.5	223	235	248
持续时间 t_i/h	1008	681	427	193	96	72	96
测试时间 t_{ij}/h	700	444	216	98	48	32	48
	1008	681	427	193	96	72	96

注：时间 t_i 与 t_{ij} 都以温度水平转折点开始计时。

2)对每个加速温度水平各确定一个持续时间 $t_1,\cdots,t_5$,具体见表 6.3.2 第三行,如在 $T_1=180$℃下持续 1008 小时,在 $T_2=190$℃下持续 681 小时,余类推。一般在低温下持续时间长一些,在高温下持续时间短一些。重要的是:要在每个持续时间内要有重复测量(非破坏性测量)或重复试验(破坏性测量),以获得一些退化数据。

3)在每个测试时间内各确定若干测试时间。这里有两种场合:

●非破坏性测量场合,可多安排一些测量点,如在持续时间 t_i 内安排 n_i 个测量点:

$$t_{i1}<t_{i2}<\cdots<t_{in_i}\quad(i=1,\cdots,5)$$

这样一来,共需重复测量 $n=n_1+\cdots+n_s$ 次测量,获得 n 个退化数据。

●破坏性测量场合,由于破坏性,在持续时间内不仅要确定测试时间,还要确定其重复试验数。如在浸渍漆步加退化试验中,每个持续时间 t_i 内各安排二个测试点 t_{i1} 与 t_{t2}(见表 6.3.2 最后一行),并在每个测试点上选 3 个试片作重复试验,这样一来,共需

$$7\times2\times3=42\text{ 个试片}$$

获得 42 个退化数据。

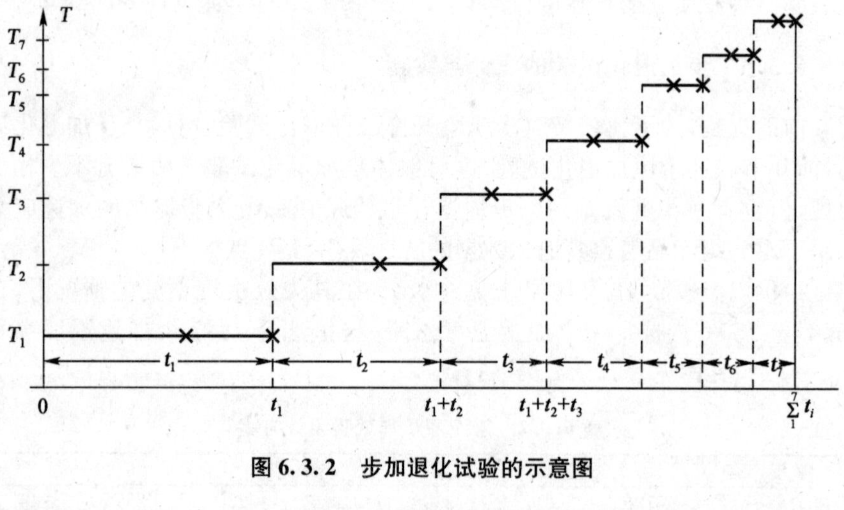

图 6.3.2 步加退化试验的示意图

4)实施。先准备 42 个试片(一般都要增加 n 个,以防意外发生)和一只恒温箱。开始时把恒温箱调至 180℃,并把 42 个试片全部放入,并开始计时。到 700h 时从箱中取出 3 片作击穿电压试验得 3 个退化数据 Z_{111}, Z_{112},

Z_{113}；到 1008h 时再从箱中取出 3 片作击穿电压试验，又得 Z_{121}，Z_{122}，Z_{123} 等 3 个退化数据，同时把恒温箱的温度提高 10℃，达到 190℃，再按表 6.3.2 的方案继续做试验，如此重复，直到 42 个试片测试完毕为止。这样一来，可共得 42 个退化数据：

$$z_{njk}\quad (i=1,\cdots,7;j=1,2;k=1,2,3)$$

具体数据这里从略。

6.3.4　步加退化数据的统计分析

1)模型

与恒加退化数据一样，步加退化数据 Z_{ijk} 仍由退化量 y_{ijk} 与随机误差 e_{ijk} 两部分叠加而成，即

$$Z_{ijk}=y_{ijk}+e_{ijk},\quad e_{ijk}\sim(o,\sigma_e^2)$$

其中 $i=1,\cdots,s$ 为加速应力水平及其持续时间的序号，$j=1,\cdots,n_i$ 为测量时间的序号，$k=1,\cdots,m_i$ 为重复数的编号，在我们的问题中，$s=7$，n_i 均为 2，m_i 均为 3。在破坏性测量场合，一般先对每个测时间点的多次重复作平均，然后考察其退化量的结构这里

$$\bar{z}_{ij}=\bar{y}_{ij}+\bar{e}_{ij},\quad \bar{e}_{ij}\sim(o,\sigma_e^2/m_i)$$

其中 $\bar{z}_{ij}=\dfrac{1}{m_i}\sum\limits_{k=1}^{m_i}z_{ijk}$，$\bar{y}_{ij}$ 与 $\bar{e}_{ij}$ 亦有类似解释。

平均退化量 $\bar{y}_{ij}$ 仍用随机截距模型描述，即

$$\bar{y}_{ij}=\beta_{ij}-\theta_i t_{ij}\tag{6.3.6}$$

其中 t_{ij} 是在第 i 个温度水平下的第 j 个测量时间，θ_i 是浸渍漆试片在第 i 个温度水平 T_i 下的退化率。由于在步加退化试验中试片进入 T_i 前已经历 $i-1$ 个温度水平 $T_1,\cdots,T_{i-1}$ 各持续 $t_1,\cdots,t_{i-1}$ 熏烤，逐渐退化。这里假设：经历一段时间后产品的剩余退化量仅与应力水平有关，而与以往退化轨道无关。按此假设，模型(6.3.6)要进行适当修正，如经过温度水平 T_1，熏烤 t_1 小时后，退化量要减少 $\theta_1 t_1$，再经过温度水平 T_2 熏烤 t_2 小时后，退化量又要减少 $\theta_2 t_2$，如此下去，直到在 T_{i-1} 下熏烤 t_{i-1} 小时后退化量又减少 $\theta_{i-1}t_{i-1}$，最后，在 T_i 下只熏烤 t_{ij} 小时，故其退化量又减少 $\theta_i t_{ij}$，综合上述，可得

$$\bar{y}_{ij}=\beta_{ij}-\theta_1 t_1-\theta_2 t_2-\cdots-\theta_{i-1}t_{i-1}-\theta_i t_{ij}\quad (i=1,\cdots,s;j=1,\cdots n_i)\tag{6.3.7}$$

把式(6.3.7)代入式(6.3.6)后可使步加退化数据得到更深入的刻划。

$$\bar{z}_{ij} = \beta_{ij} - \sum_{l=1}^{i-1} \theta_l t_l - \theta_i t_{ij} + \bar{e}_{ij} \quad (i=1,\cdots,s;j=1,\cdots,n_i) \tag{6.3.8}$$

其中$\{\bar{e}_{ij}\} \sim (o, \sigma_e^2/m_i)$。

最后，关于随机截距β_{ij}的分布还需作出假设，常见的有两种情况：

● 关于β_{ij}已知不多，仅知其存在均值与方差，设

$$\eta = E(\beta_{ij}), \quad \sigma^2 = \mathrm{Var}(\beta_{ij})$$

这时诸β_{ij}可看作来自分布(η, σ^2)的一个样本，常用最小二乘法寻找各种参数的估计。

● 可对诸β_{ij}的总体分布作一假设。譬如在绝缘材料的击穿电压已有较多研究，国内外很多文献都认同击穿电压服从对数正态分布$\mathrm{LN}(\mu, \tau^2)$。在这项浸渍漆试片的试验中，其在$t=0$时的击穿电压（随机截距）都要高于失效水平$y_c = 3.36$(KV)，故这里用三参数对数正态分布$\mathrm{LN}(\mu, \tau^2, \alpha)$来描述诸$\beta_{ij}$的随机性是妥当的，其中$\alpha \geqslant y_c$称为该分布的门限参数。这里除了最小二乘法外，还可使用最大似然法去寻求各种参数的估计。

不论上述哪种情况，β_{ij}的期望η与方差σ^2都是存在的，因此可在式(6.3.8)中增加$\pm\eta$二项，并改写为

$$\bar{z}_{ij} = \eta - \sum_{l=1}^{i-1} \theta_l t_l - \theta_i t_{ij} + \varepsilon_{ij} \tag{6.3.9}$$

其中

$$\begin{cases} \varepsilon_{ij} = \bar{e}_{ij} + (\beta_{ij} - \eta) \\ E(\varepsilon_{ij}) = 0, \quad \mathrm{Var}(\varepsilon_{ij}) = \sigma_e^2/3 + \sigma^2 \end{cases} \tag{6.3.10}$$

这样就把一般的线性模型(6.3.9)转化为方差分量模型(6.3.9)和(6.3.10)。它含有二个方差分量，且$\sigma^2 \gg \sigma_e^2$。在实际中为了简化模型常认为$\sigma_e^2 \approx 0$，即认为测量误差σ_e^2可以忽略，仅保留不同温度水平与不同测量时间引起的误差σ^2。

2)最小二乘估计

现转入参数估计，首先用最小二乘法对式(6.3.9)和式(6.3.10)中的未知参数$\varphi = (\eta, \theta_1, \cdots, \theta_s)$和$\sigma^2$作出最小二乘估计。

为此我们需要把全部步加退化数据$\{z_{ij}\}$与误差$\{\varepsilon_{ij}\}$按列拉直，并分别记为如下$n = n_1 + \cdots + n_s$维列向量

$$z' = (\bar{z}_{11}, \cdots, \bar{z}_{1n_1}, \bar{z}_{21}, \cdots, \bar{z}_{2n_2}, \cdots, \bar{z}_{s1}, \cdots, \bar{z}_{sn_s})$$

$$\varepsilon' = (\varepsilon_{11}, \cdots, \varepsilon_{1n_1}, \varepsilon_{21}, \cdots, \varepsilon_{2n_2}, \cdots, \varepsilon_{s1}, \cdots, \varepsilon_{sn_s})$$

按 z 中分量次序把式(6.3.9)中的系数表示为如下 $n\times(s+1)$ 阶矩阵 A。

$$A=\begin{bmatrix} 1 & -t_{11} & 0 & \cdots & 0 & 0 \\ \vdots & \vdots & \vdots & & \vdots & \vdots \\ 1 & -t_1n_1 & 0 & \cdots & 0 & 0 \\ 1 & -t_1 & -t_{21} & \cdots & 0 & 0 \\ \vdots & \vdots & \vdots & & \vdots & \vdots \\ 1 & -t_1 & -t_{2n_2} & \cdots & 0 & 0 \\ \vdots & \vdots & \vdots & & \vdots & \vdots \\ 1 & -t_1 & -t_2 & \cdots & -t_{s-1} & -t_{s1} \\ \vdots & \vdots & \vdots & & \vdots & \vdots \\ 1 & -t_1 & -t_2 & \cdots & -t_{s-1} & -t_{sn_s} \end{bmatrix}$$

这样就可把式(6.3.9)与式(6.3.10)改写为如下线性模型

$$\begin{cases} z=A\phi+\varepsilon \\ E(z)=A\varphi \\ \mathrm{Var}(z)=\sigma^2 I_n \end{cases} \tag{6.3.11}$$

由此可得未知参数 ϕ 的最小二乘估计

$$\hat{\phi}=(A'A)^{-1}A'z \tag{6.3.12}$$

这里 $\hat{\phi}'=(\hat{\eta},\hat{\theta}_1,\cdots,\hat{\theta}_s)$，并用剩余平方和作出 σ^2 的估计

$$\hat{\sigma}^2=\frac{z'(I_n-A(A'A)^{-1}A')z}{n-s-1} \tag{6.3.13}$$

最后，在阿伦尼斯方程基础上建立如下加速方程

$$\ln\hat{\theta}_i=l_1+l_2/T_i \quad (i=1,\cdots,s) \tag{6.3.14}$$

其中诸退化率估计 $\hat{\theta}_i$ 可从式(6.3.12)求得，诸加速温度水平 T_i 用绝对温度。用最小二乘法容易获得系数 l_1 与 l_2 的估计。由此可以获得在正常温度水平 T_0 下退化率 θ_0 的估计。

$$\ln\hat{\theta}_0=\hat{l}_1+\hat{l}_2/T_0$$

回到退化数据模型(6.3.9)，利用失效水平 y_c，可得平均寿命的估计值

$$\hat{E}(t)=(\hat{\eta}-y_c)/\hat{\theta}_0 \tag{6.3.15}$$

3)最大似然估计

在随机截距 β_{ij} 服从三参数对数正态分布 $\mathrm{LN}(\mu,\tau^2,\alpha)$ 场合可用最大似然法获得诸参数的估计，其似然函数为

$$L(\mu,\tau^2,\alpha)=\prod_{i=1}^{s}\prod_{j=1}^{n}\frac{1}{\sqrt{2\pi}\,\tau(\beta_{ij}-\alpha)}\exp\left\{-\frac{[\ln(\beta_{ij}-\alpha)-\mu]^2}{2\tau^2}\right\}$$

其中诸 β_{ij} 是不可观察的,但可通过模型(6.3.7)与退化数据 $\bar{z}_{ij}$ 获其信息,改写(6.3.7)可得

$$\begin{aligned}\beta_{ij}&=\bar{z}_{ij}+\sum_{h=1}^{i-1}\theta_h t_h+\theta_i t_{ij}\\&=\bar{z}_{ij}+\exp(l_1)\left[\sum_{h=1}^{i-1}t_h\exp\left(\frac{l_2}{s_h}\right)+t_{ij}\exp\left(\frac{l_2}{s_i}\right)\right]\end{aligned}\qquad(6.3.16)$$

其中还引入了加速方程 $\ln\theta_i=l_1+l_2/s_i(i=1,\cdots,s)$。这样虽增加了二个参数 l_1 与 l_2,但减少了 $\theta_1,\cdots,\theta_s$ 等 s 个参数,一般有 $s>2$,故参数总数还是减少了。若把式(6.3.16)代回似然函数,并取对数,可得如下对数似然函数。

$$\begin{aligned}l(\mu,\tau^2,\alpha,l_1,l_2)=&-\frac{sn}{2}\ln(2\pi\tau^2)-\sum_{i=1}^{s}\sum_{j=1}^{n}\ln(\beta_{ij}-\alpha)-\\&\frac{1}{2\tau^2}\sum_{i=1}^{s}\sum_{j=1}^{n}[\ln(\beta_{ij}-\alpha)-\mu]^2\end{aligned}\qquad(6.3.17)$$

其中 β_{ij} 如式(6.3.16)所示。由此可得对数似然方程组:

$$\mu=\frac{1}{sn}\sum_{i=1}^{s}\sum_{i=1}^{n}\ln(\beta_{ij}-\alpha)$$

$$\tau^2=\frac{1}{sn}\sum_{i=1}^{s}\sum_{j=1}^{n}[\ln(\beta_{ij}-\alpha)-\mu]^2$$

$$\sum_{i=1}^{s}\sum_{j=1}^{n}[\tau^2+\ln(\beta_{ij}-\alpha)-\mu](\beta_{ij}-\alpha)=0$$

$$\sum_{i=1}^{s}\sum_{j=1}^{n}[\tau^2+\ln(\beta_{ij}-\alpha)-\mu](\beta_{ij}-\bar{z}_{ij})/(\beta_{ij}-\alpha)=0$$

$$\sum_{i=1}^{s}\sum_{j=1}^{n}[\tau^2+\ln(\beta_{ij}-\alpha)-\mu](\beta_{ij}-\bar{z}_{ij})/[s_i(\beta_{ij}-\alpha)]=0$$

对浸渍漆步加退化试验方案(见表 6.3.2)及其退化数据用上述对数似然方程组可以求得其中参数的最大似然估计,经计算,5 个参数的 MLE 如下:

$$\hat{\mu}=2.236,\ \hat{\tau}^2=0.0517,\ \hat{\alpha}=y_c=3.36$$

$$\hat{l}_1=15.89,\ \hat{l}_2=-10116$$

进一步可算得随机截距 β 的期望值

$$\hat{\eta}=\hat{E}(\beta)=\exp\left\{\hat{\mu}+\frac{\hat{\tau}^2}{2}\right\}+\alpha$$

$$=\exp\left\{2.236+\frac{0.0517}{2}\right\}+3.36$$
$$=12.96$$

再由加速方程 $\ln\theta=\hat{l}_1+\hat{l}_2/T$ 算得正常工作温度水平 $T_0=150°+273=423\text{K}$ 下的退化率 θ_0 的估计值

$$\hat{\theta}_0=\exp(15.89-10116/423)=3.272\times10^{-4}$$

最后，由随机截距退化模型和失效水平 $y_c=3.36$ 可得正常工作温度 T_0 下浸渍漆的平均寿命的估计值

$$\hat{E}(t)=\frac{\hat{\eta}-3.36}{3.27\times10^{-4}}=29339(\text{小时})$$

这与恒加退化试验结果($\hat{E}(T)=27066$ 小时)较为接近，可见两种加速退化试验都是可行的，但在总试验时间和参试样品总数上步加退化试验略少一些。这在一般场合也是如此。

利用对数正态分布的方差 $\text{Var}(\beta)=[E(T)]^2(e^{\tau^2}-1)$ 和上述的估计值，可以算得寿命方差的估计值

$$\hat{\text{V}}\text{ar}(\tau)=\frac{\hat{\text{V}}\text{ar}(\beta)}{l_0^2}=\frac{(12.96)^2(e^{0.0517}-1)}{(3.272\times10^{-4})^2}=8.324\times10^7$$

这个方差要比恒加退化试验的方差要略大一些。

附表 6.1 场效应晶体管漏电流 Idss 的退化数据

$T_1 = 125℃$

时间/h \ 样品号	1	2	3	4	5	6	7	8	9	10	11	12	13	14	15	16	17	18	19	20	21	22	23	24	25	26	27	28	29	30	31	32	33	34	35	36	37	38	39	40	41	42	43
0	55	33	36	45	68	42	65	28	40	47	35	38	38	40	44	45	44	45	32	70	44	31	45	42	27	57	52	49	54	34	51	44	31	33	43	48	53	42	33	45	52	55	44
22	56	34	34	49	72	41	67	28	42	45	35	38	38	44	48	54	46	47	34	74	43	35	50	45	28	57	52	51	58	36	50	49	31	36	44	50	57	38	36	46	54	56	51
94	55	33	34	49	70	41	66	30	43	44	35	38	37	43	48	54	45	47	34	72	47	35	50	45	30	58	52	50	58	35	50	49	30	35	43	50	58	40	35	46	55	57	52
340	57	34	33	48	68	39	65	29	42	43	34	34	36	43	47	53	44	47	34	70	48	34	49	44	29	59	52	49	55	36	49	48	29	35	41	51	56	43	34	45	54	56	51
860	56	33	34	45	65	40	60	29	43	42	33	39	35	43	46	53	42	47	33	69	46	31	45	42	28	59	51	48	50	36	47	45	29	35	39	49	55	41	34	44	55	57	51
1600	56	33	33	44	62	40	62	28	42	43	33	40	34	44	46	53	41	45	32	66	45	31	46	43	28	60	52	48	50	37	46	47	29	36	37	48	52	42	31	44	55	57	52
2000	54	30	33	44	64	39	60	28	41	42	33	40	34	44	47	54	40	50	31	68	43	30	45	42	26	58	50	48	50	36	45	46	28	36	37	49	50	40	30	43	55	58	50
3000	54	33	31	44	62	39	60	27	40	42	32	40	32	43	44	52	38	45	32	68	43	30	44	41	27	57	51	47	49	36	43	46	29	36	37	48	49	40	29	42	54	57	52
4000	53	33	31	43	61	39	59	26	40	42	32	39	33	42	45	51	41	44	31	65	43	30	42	41	26	56	51	47	49	37	43	46	29	35	36	48	47	40	29	41	54	56	51
6000	53	32	31	43	58	38	59	25	38	41	31	38	32	41	44	50	40	43	31	66	42	30	40	40	27	53	51	46	48	36	44	45	29	34	35	47	47	40	30	40	53	56	51
7300	53	33	32	44	60	37	59	25	39	42	32	39	32	42	44	50	39	44	31	67	44	30	40	40	26	53	51	46	49	36	44	45	29	34	36	48	47	40	30	40	53	56	51

附表 6.1(续 1)

$T_2=145$℃

时间/h \ 样品号	1	2	3	4	5	6	7	8	9	10	11	12	13	14	15	16	17	18	19	20	21	22	23	24	25	26	27	28	29	30	31	32	33	34	35	36	37	38	39	40	41	42	43	44	45
0	48	72	35	48	42	52	45	40	45	50	51	36	32	55	40	44	48	42	44	45	50	41	28	50	31	38	30	44	34	34	56	70	40	30	58	37	46	28	41	50	44	44	48	26	30
22	46	74	36	49	42	48	47	40	47	53	44	37	35	56	38	41	47	44	45	46	48	43	29	49	30	37	29	46	34	37	57	41	71	29	58	40	47	28	42	52	44	46	47	28	28
94	46	76	38	50	43	50	47	39	47	50	44	36	35	56	39	40	47	43	43	46	47	43	30	47	27	37	30	44	34	36	53	71	40	27	58	39	47	26	40	52	44	46	48	28	27
240	45	78	38	50	43	48	47	39	46	48	43	36	36	56	37	41	47	43	42	45	46	42	29	46	25	35	28	41	32	36	51	70	40	26	56	37	46	26	40	51	42	45	47	27	25
480	44	73	37	50	43	46	46	39	45	47	43	36	34	55	37	41	46	42	42	43	45	40	29	45	25	35	28	39	31	36	50	70	40	26	56	36	45	26	42	50	42	44	47	26	25
950	42	77	36	47	42	46	45	38	43	46	43	35	33	54	36	40	46	41	41	39	44	38	28	44	23	34	27	37	29	35	49	68	38	25	54	36	45	25	43	48	40	41	46	25	24
1500	42	75	34	46	43	47	45	39	43	46	42	35	34	53	35	40	46	41	41	42	41	37	26	44	24	35	27	38	29	35	49	69	38	26	52	35	44	24	45	47	40	43	46	25	24
2000	40	74	34	46	43	46	43	38	42	43	40	35	33	54	34	38	46	40	39	40	40	35	26	42	22	34	25	38	28	34	48	67	39	25	52	35	44	23	45	45	38	40	45	24	22
2600	40	76	34	47	43	48	44	38	42	46	40	35	34	55	35	39	46	40	39	41	41	36	27	42	22	34	24	40	29	35	48	67	39	25	51	35	44	22	46	47	38	41	44	24	25

附表 6.1(续 2)

$T_3=175℃$

时间/h \ 样品号	1	2	3	4	5	6	7	8	9	10	11	12	13	14	15	16	17	18	19	20	21	22	23	24	25	26	27	28
0	38	31	53	33	52	56	57	54	43	49	54	45	42	49	68	46	57	59	54	59	55	33	46	64	53	47	57	36
14	37	31	53	33	51	56	55	54	42	49	55	48	43	48	67	45	58	60	53	61	53	30	48	63	52	48	57	35
76	35	30	53	33	50	55	57	52	41	49	55	48	44	47	67	41	59	58	51	60	52	27	43	59	53	45	56	34
240	34	28	53	32	49	54	60	50	41	49	54	48	44	43	66	36	57	56	49	58	51	24	42	57	52	44	53	32
500	35	27	52	32	50	54	63	50	40	48	53	48	44	42	66	39	57	57	49	58	52	23	42	57	52	43	53	32
750	33	26	51	33	46	50	60	47	37	45	50	45	41	39	65	38	54	53	47	58	50	22	41	52	52	40	50	31
1000	33	27	51	32	47	50	62	49	38	47	52	47	43	39	65	37	55	54	48	56	51	22	40	52	52	39	49	31
1450	33	26	49	32	47	50	63	49	39	47	51	47	40	39	64	37	54	54	47	55	50	21	39	51	51	38	48	29
2000	32	26	48	32	46	48	60	49	38	46	51	48	44	38	65	36	54	54	47	56	50	21	40	49	50	36	48	28
2500	32	26	45	31	45	46	58	48	38	46	50	46	43	38	64	39	52	52	47	54	47	20	39	49	50	35	48	27

附表 6.1(续 3)

$T_4=200℃$

时间/h \ 样品号	1	2	3	4	5	6	7	8	9	10	11	12	13	14	15	16	17	18	19	20	21	22	23	24	25	26	27	28
0	38	37	58	45	42	49	36	56	37	42	42	59	44	47	58	34	24	28	41	41	66	53	25	40	54	33	64	40
18	39	38	60	48	40	50	36	56	39	40	45	61	44	48	55	31	24	26	40	45	69	53	25	38	53	28	64	40
90	36	34	58	46	38	49	33	53	36	37	42	62	43	44	53	28	21	25	36	45	62	52	23	35	53	27	55	38
240	33	31	57	46	34	47	31	50	36	37	41	62	41	39	51	24	16	23	26	45	57	51	20	29	48	26	45	34
350	34	30	56	46	32	45	29	48	35	36	43	61	40	35	50	20	14	20	22	45	55	51	20	32	46	25	39	30
600	31	29	55	46	29	45	28	48	35	37	41	62	36	33	50	23	13	18	18	45	55	49	18	31	46	22	34	28
840	30	29	52	44	27	43	28	45	33	35	40	60	38	32	48	20	13	17	14	44	53	40	17	29	43	16	26	29

$T_5=225℃$

时间/h \ 样品号	1	2	3	4	5	6	7	8	9	10	11	12	13	14	15	16	17
0	35	44	43	42	47	52	38	46	49	30	44	33	70	40	50	40	37
24	33	42	42	40	34	49	34	38	45	25	41	28	66	35	41	36	31
96	24	36	35	36	23	42	27	29	41	10	38	6	64	32	36	34	29
210	11	35	28	33	13	10	23	27	41	8	32	7	58	31	31	32	26
450	6	33	28	32	3.5	39	20	21	40	7	31	3.5	56	27	26	31	25

结 束 语

本书比较系统地研究了退化失效的理论模型和退化数据的统计模型。在模型建立和数据处理方面均提出一些新的观点和方法，并在一些实际问题中得到比较成功的应用。通过上述有关方面的研究，我们体会到退化失效问题还有许多值得重视和研究的课题。主要有以下十个方面：

（一）通过研究产品退化量的退化机理，依据专业技术方面的定律提出退化轨道，对于建立合理的退化失效模型至关重要，在没有物理依据的情况下用退化数据拟合退化轨道，只是不得已的措施。Lu & Meeker(1990)用退化数据拟合裂缝增长的轨道，其后 Lu & Meeker(1993)则对同一个问题改用力学上的定律建立退化轨道，两种不同的退化轨道导致结果颇有差异，笔者在处理数据的过程中也发现，退化轨道的选择会对结果产生很大的影响。

（二）至今为止，失效水平均为单点型，这是由目前所用的退化失效的定义所决定。然而，尽管这种定义及其产生的单点型失效水平简单实用，但却不尽合理，通过修改退化型失效的定义，提出区间型失效标准，也是个值得研究的问题，这将会为更合理地描述和分析退化型失效问题开创新的途径。

（三）对于某些产品，特别是整机产品，往往既会出现退化型失效，也会出现突发型失效。产品的实际失效状况是这两种失效的竞争结果。因此，如何建立两种失效的竞争失效模型，如何处理退化数据与突发失效数据并存的混合数据，是一项很有理论意义和应用价值的课题。

（四）目前处理退化数据的统计方法往往对数据和模型（主要指退化轨道和分布类型这两要素）比较敏感，特别对退化速度很慢，测量误差又比较大的情况更是如此。所以应该注意研究退化失效的稳健模型的方法。这里应用非参数统计方法是一个有效的途径。

（五）退化试验与一般的寿命试验很不一样，如何设计优良的退化试验方案取得有效的退化数据，是一件十分重要的工作。目前大多数退化数据是由不熟悉退化失效模型的工程技术人员所提供，其中不少数据的试验方案存在严重的缺陷，从而影响到统计分析结果的精度，而且在数据处理上也带来了许多不必要的困难。就目前对退化失效问题的研究来看,初步研究退化试验设计问题已具备条件。这对促进退化问题的研究很有帮助。

(六)目前,退化模型的统计推断方法主要是 LSE,MLE 以及回归模型等。区间估计,数据的诊断与变换以及 Bayes 方法在退化失效模型中的应用是应加以研究的问题,同时也是很有潜力的问题。

(七)目前所研究的参数型退化模型,主要限于单个随机系统的情况,如何利用各种适合的随机向量分布,建立多元随机参数的参数型退化失效模型,是值得加以重视的。然而,这方面的数学处理形式可能比较复杂,特别是非线性退化轨道的情况,困难可能更大。

(八)在加速退化问题中,建立加速方程是一项关键性的工作。继Nelson(1990),Lu & Pantula(1989),本书也在这方面提出了一些新的观点和方法,并通过实际数据加以验证。然而,在更一般的情况下如何建立加速退化方程,仍然是一个很值得研究的问题,这是进一步深入研究加速退化问题的首要问题。

(九)退化数据的测量误差在退化失效模型及其统计分析中是一个很重要的问题,Carey & Korniy(1991)提出从退化数据中提取产品可靠性信息的四条基本策略,第一条考虑的就是测量误差问题。目前有关工作基本上只是研究独立测量,但在某些条件下,测量误差之间可能存在相关性,本书中只作初步探索,还有不少问题都还有待于进一步的分析和研究。

(十)目前描述退化量主要利用随机系数或混合系数的回归模型。这将在退化轨道的具体形式方面受到一定的限制,如何通过分析退化率,建立退化量的随机微分方程。用随机过程的方法研究退化失效问题,是一项值得进一步引起重视的工作,从本质上讲,退化量是一个随机过程,而寿命变量是一个停时,Fagerstom(1991),Doksum & Hoyland(1992)等的工作曾初步涉及这个方面。另外,利用广义线性模型和时间序列方法研究退化失效问题也是很有意义的工作。

以上问题是我们在有关研究工作中的总结和体会,提出来供大家参考,希望有更多专家同行参与退化失效模型的研究和应用,从而推动可靠性理论和应用的进一步发展。研究一个问题的意义不仅在于对所研究的问题给出正确合理的解答,同时还应该提出新的问题,从而使有关工作不断地深入发展,并日趋完善。提出上述十个方面的问题,也正是出于这方面的考虑。可以相信,有更多理论界、工程界的专家同行参与合作,退化失效模型这个可靠性理论与方法的新领域,一定会取得更丰硕的成果。

参考文献

1. Amster, S, J., and Hooper, J. H., *Accelerated Life Tests with Measured Degradation Data and Growth Curve Models*, Paper presented at the American Statistical Association Annual Meeting, Toronto, Canada(1983).
2. Ahmad, M., and Sheikh, A. K., *Bernstein Reliability Model: Derivation and Estimation of Parameters*, Reliability Engineering 8(1984), 131-148.
3. Amemiga, Y., *What Should Be Done When an Estimated Between Group Covariance Matrix is not Nonnegative Definite?*, The American Statistician 39(1985), 112-117.
4. Beach, C. M., and Mackinnon, J. G., *A Maximum Likelihood Procedure for Regression With autocorrelated*, Econometrika 46(1978), 51-58.
5. Cohen, A. C., Whitlen. B. J. and Ding Y. H., *Modified Moment Estimation for The Three-Parameter Weibull Distribution*, Journal of Quatity Technology 16 no. 3 (1984), 159-167.
6. Chow S. C. and Shao J., *Test for batch-to-batch Variation in Stability Analysis*, Statistics in Medicine 8(1989), 883-890.
7. Chow S. C. and Shao J., *Estimation Drug Shelf-Life with Random Batches*, Biometrics 47(1991), 1071-1079.
8. Carey M. B. and Koenig R. H., *Reliability Assessment Based on Acceierated Degradation: A Case study*, IEEE Transactions on Reliability 40 no. 5(1991).
9. Chi E. M. and Reinsel G. C., *Models for Longitudinal Data with Random Effects and AR(1) Errors*, JASA 84 no. 406(1989).
10. Doksum K. A. and Hoyland A., *Models for variable-stress Accelerated Life Testing Experiments Based on Weiner Processes and the Inverse Gaussian Distribution*, Technometrics 34 no. 1(1992), 74-82.
11. Draper N. R. and Smith H., *Applied Regression Analysis*, Second Edition, John Wiley & Sons, New York., 1981.
12. Dempster A. P., Laird N. M. and Rubin D. B., *Maximum Likelihood from Incompleie Data via the EM Alogorithm*, JRSS series B 39(1977), 1-38.
13. Dowling N. E. Mechanical behavior of materials, New Jersey: Prentice Hall. 1933.

14. Fagerstrom R. ,*Stochastic Differential Eaqution Modeling of Laser Degradation*,1991.

15. Fuller and Battese(1973),Transformations for Estimation of Linear Model with Nested-Error Stucture,JASA,68,628-632.

16. Gallant A. R. ,*Nonlinear Statistical Models*,John Wiley & Sons,New York,1987.

17. Garcia O. ,*A Stochastic Differential Equation Model for the Height Growth of Forest Stands*, Biometrics 39(1983),1059-1072.

18. Glasbey C. A. ,*Correlated Residuals in Non-Linear Regrseeion Applied to Growth Data*,Appl. Statist. 28 no. 3(1979),251-259.

19. Hildreth C. and Houck S. P. ,*Sone Estimations for A Linear Model with Random Coefficients*,JASA 73 no. 351(1968).

20. Harter H. L. and Moore A. H. ,*Maximum Likelihood Estimation of the Parameters of Gamma and Weibull Populations from Complete and from Censored Samples*, Technometrics 7 no. 4(1965),639-642.

21. Harter H. L. and Moore A. H. ,*Asymptotic variances and covariances of Maximum-Likelihood Estimators, from Censored Samples, of the Parameters of Weibull and Gamma Population*,Annals of Math. Statist. 38(1967),557-571.

22. Johansen S. ,*Asymptotic Inference in Random Coefficient Regression Models*,Scand J. Statist. 9(1982),201-207.

23. Krutchkoff,R. G. ,*Classical and Inverse Regression Mothods of Calibration*,Technometrics 9(1967),425-439.

24. Lu J. C. and Meeker W. Q. ,*Using Degradation Measures to Estimate A Time-to-Failure Distribution*,Technical Report,Department of Statistics,Iowa State University(1990).

25. Lu J. C. and meeker W. Q. ,*Using degradation Measures to Estimate, A Time-to-Failure Distribution*,Technometrics 35(1993),1-32.

26. Lu J. C. ,*The Use of Degradation Measures in Assessing Reliability*,Ph. D. Dissertation, Department of Statistics,Iowa State University(1992).

27. Lu J. C. and Pantual S. G. ,A *Repeated-Measurements Model for Over-Stressed Degradation Data*, Technical Report, Dept. of Stat. , North Carolina State University (1989).

28. Lemon G. H. ,*Maximum Likelihood Estimation for the Three Parameter Weibull Distribution Based on Censored Samples*,Technometics 17 no. 2(1975),247-254.

29. Lindstrom M. J. and Bates D. M. , *Nonlinear Mixed Effects Models for Repeated Measures Data*,Biometrics 46(1990),673-687.

30. Liang K. Y. and Zeger S. L. ,*Longitudinal Data Analysis Using Generalized Linear Models*,Biometrika 73 no. 1(1986),13-22.

31. Mallet A. ,*A maximum Likelihood Estimation Method for Random Coefficient Regression Models*,Biometrika 73 no. 3(1986),645-656.

32. McCullagh P. and Nelder J. A. ,*Generalized Linear Models, Second Edition*,Chapman and Hall,London,1989.

33. Meeker W. Q. and Escobar L. A. ,*A Review of Recent Research and Current Issures in Accelerated Testing*,International Statistical Review 61 no. 1(1993),1477-168.

34. Martinelle S. ,*On the Choice of Regression in Linear Calibration*,Technometrics 12 (1970),157-161.

35. Martz,H. F. and Waller,R. A. ,*A Bayes Zero-Failure(BAZE)Reliablity Demonstration Testing Procedure*,Journal of Quality Technology 11 no. 3(1979),128-137.

36. Nelson W. ,*Analysis of Performance Degradation Data from Accelerated Tests*, IEEE Transactions on Reliability R-30 no. 2(1981),149-155.

37. Nelson W. ,*Accelerated Testing: Statistical Models, Test plans, and Data Analysis*, John Wiley & Sons,New York,1990.

38. Nelson,W. ,*Accelerated Life Testing-Step-Stress Models and Data Analysis*,IEEE Transaction on Reliability R-29(1980),103-131.

39. Pantula S. G. and Pollock K. H. , Nested,*Analysis of variance with Autocorrelated Errors*,Biometrics 41(1985),909-920.

40. Palmer M. J. , *Application of Nonlinear Models with Random Coefficients to Growth Data*,Biometrics 47(1991),623-635.

41. Pinheiro J. C, Bates D. M. Mixed-effects models in S and s-plus, New York, Springer,2000.

42. Raciue-Poon,A. ,*A Bayesian Approach to Nonlinear Random Effects Models*,Biometrics 41(1985),1015-1023.

43. Ratkowsky D. A. ,*Handbook of Nonlinear Regression Models*,Marcel Dekker,New York,1990.

44. Ratkowsky D. A. ,*Nonlinear Regression Modeling*,Marcel Dekker,New York,1983.

45. Rao C. R. ,*The Theory of Least Squares When the Parameters ane Stochastic and Its Application to the Analysis of Growth Curves*,Biometrika 52(1965),447-458.

46. Rao C. R. ,*Linear Statistical Inference and Its Applications, Second Edition*,John Wiley & Sons,New York,1973.

47. Rao C. R. ,*Prediction of Future Observation in Growth Curve Models*,Statistical Science 2 no. 4(1987),434-471.

48. Swamy P. A. V. B. ,*Statistical Inference in Random Coefficient Regression Models*, Springer-verlage,New York,1971.

49. Shao J. and Chow S. C. ,*Constructing Release Targets for Drug Products: A Baysian*

Decision Theroy Approach, Technical Report(1990).

50. Shao J. and Chow S. C., *Statistical Inference in Stability Analysis*, Technical Report (1991).
51. Springer M. D., *The Algebra of Random Variables*, John Wiley & Sons, New York, 1979.
52. Stiratelli R., Laird N. and Ware J. H., *Random-Effects Models for Serial Observation With Binary Response*, Biometrics 40(1984), 961-971.
53. Sandland R. L. and McGilchrist C. A., *Stochastic Growth Curve Analysis*, Biometrics 35(1979), 255-271.
54. Suzuki K., Maki K. and Yokogawa S., *An Analysis of Degradation Data of A Carbon Film and the Properties of the Estimations*, Stat., Sci. & Data Aual., (1993), 501-511, K. Matsusita et al. (Eds), VSP..
55. Stinebaugh, Jr., W. H., Harrus A. and Knolle W. R., *Correlation of Gm Degradation of Submicrometer MOSFET'S with Refractive Index and Mechnical Stress of Encapsulation Meterials*, IEEE Transatctions on Electron Devices 36 (1989), 542-547.
56. Thoman D. L., Bain L. L. and Antle C. E., *Inferences on the Parameters of the Weibull Distribution*, Technometrics 11(1969), 445-460.
57. Takeda E. and Suzuki N., *An Emprical Model for Device Degradation Due to Hot-Carrier Injection*, IEEE Electron Device Letters 4(1983), 111-113.
58. Wingo D. R., *Maximum Likelihood Estimation of the Parameters of the Weibull Distribution by Modified Quasilinearization*, IEEE Transactions on Reliability R-21 (1972), 89-93.
59. Wingo D. R., *Solution of the Three-Parameter Weibull Equations by Constrained Modified Quasilinearization (Progressively Censored Samples)*, IEEE Transactions on Reliability R-22(1973), 96-102.
60. Wyckoff J., Bacn L. J. and Engelhardt M., *Some Complete and Censored Sampling Results for the Three-Parameter Weibull Distibution*, J. Statist. Comput. Simull. 11 (1980), 139-151.
61. Zanakis S. H., A *Monte Carlo Study of Some Simple Estimations of the Three-Parameter Weibull Distribution*, J. Statist. Comput. Simal. 9 no. 2(1979), 101-1116.
62. Zeger S. L., Liang K. Y. and Albert P. S., *Models for Longitudinal Data: A Generalized Estimating Equation Approach*, Biometrics 44(1988), 1049-1060.
63. 茆诗松,汤银才,王玲玲．可靠性统计．高等教育出版社,2008.
64. 茆诗松．指数分布场合下步进应力加速寿命试验的统计分析．应用数学学报,1985 (8):311-316.

65. 茆诗松等．回归分析及其试验设计．华东师大出版社，1981.

66. 茆诗松，罗朝斌．无失效数据的可靠性分析．数理统计与应用概率，1989 年第 4 卷第 4 期：489-506.

67. 张占忠，杨振海．无失效数据处理．数理统计与应用概率，1989 年第 4 卷第 4 期：507-519.

68. 陈希孺，陈桂景，吴启光，赵林城．线性模型参数的估计理论．科学出版社，1985.

69. 成平，陈希孺，陈桂景，吴传义．参数估计．上海科学技术出版社，1985.

70. 陈希孺，王松桂．近代回归分析．安徽教育出版社，1987.

71. 王松桂．线性模型的理论及其应用．安徽教育出版社，1987.

72. 戴树森等．可靠性试验及其统计分析．国防工业出版社，1983.

73. 衷维章．*Weibull* 分布的位置参数的图解法．数理统计与应用概率，1987 年第 2 卷第 3 期：307-315.

74. 苏德清等．微波低噪声 *GaAsFET* 加速寿命试验参数退化模型的研究报告．中国电子技术标准化研究所，1992.

75. 桂林电器科学研究所．机械工业部标准，JB 3841-85，JB-3842-85. 1985.